SEÑORAS Y SEÑORES:
EL ARTE DE HABLAR BIEN EN PÚBLICO

SEÑORAS Y SEÑORES: EL ARTE DE HABLAR BIEN EN PÚBLICO

José Escarpanter

COLECCIÓN PRÁCTICA
DIRIGIDA POR JOSÉ ESCARPANTER

EDITORIAL PLAYOR

SEÑORAS Y SEÑORES:
EL ARTE DE HABLAR BIEN EN PÚBLICO

Primera edición: junio de 1995
© Editorial Playor
Santa Clara, 4 28013 Madrid
Tel: 541 2804 / Fax: 541 0368
Edición: Guillermo Mirecki
Diseño gráfico: Rogelio Quintana
ISBN: 84-359-0720-1
Depósito legal: M-19.106-1995
Impreso en España / Printed in Spain
Talleres Gráficos Peñalara
Ctra. Villaviciosa de Odón - Pinto, km 15.180
Fuenlabrada (Madrid)

ÍNDICE
GENERAL

PRÓLOGO

Esta obra va dirigida a todas las personas que, por su profesión o sus relaciones sociales, se ven obligadas a hablar para un público. Este puede estar constituido por un único interlocutor o por varios miles de oyentes. Pero no es importante ni la cantidad ni la calidad del auditorio. El orador siempre tiene que hacer frente a los mismos problemas: ¿me escucharán con atención?, ¿seré capaz de transmitir claramente mis ideas?, ¿los convenceré?...

Cuando haya terminado de leer este libro y aplique los conocimientos que le hemos ofrecido, usted podrá responder positivamente a esas interrogantes y a otras muchas. Todos sabemos hablar, pero también todos podemos hablar mejor. Y de eso se trata: de que usted aprenda conscientemente a hablar de manera eficaz en cualquier ocasión.

En cada capítulo, le explicamos de forma clara, concisa y amena los distintos aspectos relacionados con la oratoria moderna. Seguidamente, por medio de sencillos autoexámenes, usted podrá comprobar si ha comprendido las explicaciones; y si el tema expuesto tiene un carácter práctico, le sugerimos ejercicios para elaborar y perfeccionar su discurso oral.

No obstante, conviene aclarar que el éxito dependerá en gran medida de su esfuerzo e interés por aplicar el método que le enseñamos. La constancia desempeñará un papel fundamental en su avance.

1 LA COMUNICACIÓN ORAL

Desde el origen de nuestra especie, el ser humano ha sentido la necesidad de comunicarse con propios y ajenos. Este loable intento se ha visto jalonado a lo largo de la historia con aspiraciones satisfechas y fracasos rotundos, con realizaciones merecedoras del máximo elogio y con los más innobles fracasos.

Los humanos, a diferencia del resto de los animales, han recibido un don: el de la palabra. Algunos animales gruñen, otros maúllan, otros ladran, etc.; los hombres se hablan, sus palabras definen cosas y objetos, sentimientos y placeres. Los esfuerzos realizados por los seres humanos para definir y aclarar ideas, conceptos, expresiones —sean físicas o mentales— o para provocar confusión o errores son ancestrales. Ya lo dice *El libro de los libros*: «Al principio fue el verbo». En estos cinco términos, se define el hecho fundamental que define por excelencia al ser humano: la palabra.

1.1 ¿Qué es la oratoria?

Si la palabra es un don que le ha sido concedido al hombre, el lenguaje que éste desarrolló a través del tiempo, desde que salió de las cavernas hasta los primeros indicios de la civilización, le ha ayudado siempre a comprender mejor el mundo que le rodea. Comenzó lenta e inexorablemente a unir una palabra con otra, a definir no sólo objetos, sino a construir frases enteras. Así, poco a poco y paso a paso, fue desarrollándose el lenguaje oral; luego vendría el escrito, mediante caracteres o letras. Pero el principio del principio fue el lenguaje oral. Así se transmitieron los primeros hombres sus experiencias y sus fatigas, sus alegrías y sus penas. Así nacieron las primeras sagas, las primeras narraciones completas que, mucho más tarde, se plasmarían en por escrito.

En el momento en que hubo un hombre que se paró ante todos los demás seres que componían su tribu y les habló con una sintaxis más o menos precisa, nació la oratoria. Porque la oratoria no es otra cosa que el arte de saber decir, el de comunicar y definir lo que los receptores están esperando oír. Es, en suma, el arte de saber hablar, de saber convencer o emocionar a quienes escuchan, a través del medio fundamental de expresión del hombre, ya sea el antiguo o el moderno: la palabra.

Al pensar, al reflexionar, en tanto no exprese con palabras lo pensado o reflexionado, el hombre sólo tendrá un carácter pasivo. El y nadie más que él sabrá lo que ha pensado. Pero si «lo comunica», si pone en funcionamiento el mecanismo de la palabra, entonces y sólo entonces tendrá valor su reflexión para los demás.

1.2 La comunicación: principio fundamental de la oratoria

Cuando esta reflexión y este pensamiento se expresan oralmente a una o más personas es que tiene lugar el principio fundamental de la oratoria: la comunicación.

El hombre ha sentido siempre la necesidad de comunicarse con otros. Por eso, el lenguaje desempeña un papel esencial en nuestras vidas. Sin el instrumento de la palabra y la capacidad de expresarla a través de la voz, resultaría casi imposible coordinar actividades, solicitar un empleo, organizar un viaje, elegir a los representantes de las instituciones públicas y muchas otras cosas que conforman nuestra vida. ¿Como trataríamos a un cliente, a un amigo, cómo defenderíamos o tomaríamos las decisiones cotidianas, de qué manera informaíamos al médico sobre nuestros problemas de salud, expliaríamos las deducciones del impuesto sobre la renta, elegiríamos un estudio universitario o simplemente nos amaríamos, si no tuviéramos el don de la palabra?

1.3 El lenguaje hablado

La palabra escrita ha sido considerada tradicionalmente como paradigma del lenguaje hablado. Durante siglos, se supuso que el buen orador debía hablar como si estuviera escribiendo un trabajo literario. El buen orador era aquel que expresaba de forma literaria sus pensamientos y sentimientos. Estudiaba los textos clásicos de la oratoria.

Sin embargo, el lenguaje hablado y el escrito son distintos.

Nadie habla —y mucho menos quien está obligado a hacerlo por su profesión, ya sea político, vendedor, profesor, conferenciante, etcétera— como escribe. El lenguaje literario es totalmente distinto al lenguaje hablado coloquial. Cada uno tiene su propia sintaxis.

Cualquier autor o periodista de renombre que quiera plasmar literariamente una entrevista o un coloquio sabe que es tarea imposible, que es mejor comenzar desde el principio el tema sugerido durante la entrevista, pues lo contrario sería una verdadera tortura.

Aun cuando el lenguaje utilizado en una conferencia organizada sobre la base de unas notas, es decir, que no es leída, en una entrevista de prensa o un simposio, sea en esencia el mismo que un profesor o un profesional cultos emplearían en sus trabajos literarios o escritos —ya que la organización fonética y morfológica es igual para aquellas personas habituadas a utilizar un léxico cuidado y culto—, sin embargo, la sintaxis será totalmente distinta. Quien intente enviar el texto grabado en magnetófono directamente a la imprenta se dará cuenta de que el lenguaje utilizado es vulgar, incluso que tiene errores gramaticales. Se dará cuenta de que no puede traspasar sin más el texto hablado recogido en el magnetófono a un texto escrito dirigido al lector.

El texto literario juega mucho con las imágenes, con la expresión delicada o violenta de los más íntimos sentimientos. El lenguaje hablado es más directo. Busca definir conceptos lo más acertadamente posible y, cuando el novelista o ensayista cuenta con 300 páginas para comunicar algo al receptor, el orador tiene que hacerlo en 1 hora. Por eso, el lenguaje hablado le exige al orador «decir» bien, hablar de forma coherente, persuasiva y precisa.

Hay personas logran orientar, persuadir e, incluso, convencer a sus interlocutores por medio del lenguaje. Ellas, aunque no lo sepan, poseen cualidades esenciales para la oratoria. Usted también.

En las modernas sociedades democráticas, la capacidad para expresar las ideas es casi tan importante como el talento para generarlas. Hablar, como ya dijimos antes, es un don que se refleja en todos los actos de nuestras vidas. Hasta en una simple reunión de amigos, la amenidad de nuestra conversación, la delicadeza con que debatimos nuestras convicciones y nuestros razonamientos, pero, sobre todo, la atracción que podamos ejercer por la riqueza léxica con que hemos expresado nuestros pensamientos, causarán una grata impresión a nuestros invitados.

En el mundo actual, tan intercomunicado gracias especialmente a los nuevos medios de comunicación, saber hablar a un superior, a un subalterno o a cualquier persona resulta esencial para imbricarse en la sociedad moderna. A menudo, no logramos lo que anhelamos por no haber sabido destacar o explicar coherentemente lo que queremos hacer.

El lenguaje hablado se define por su carácter utilitario y su función comunicadora. La utilidad y la función de la palabra es lo que la diferencian del lenguaje escrito, puesto que, en este caso, lo predominante no estriba en la utilidad o la función comunicante, sino en la imagen literaria en sí misma.

Con el lenguaje hablado, podemos expresar palabras, construir oraciones, incurrir en incorrecciones y desórdenes que, en un momento determinado, pueden incluso agradar al auditorio. Esto no es posible, ni se debe permitir, en el lenguaje literario.

Cuando deseamos comunicar algo, entendernos con los que nos rodean, somos capaces de expresar, con mejor o peor propiedad, nuestras ideas o sentimientos (*Hoy no me siento bien*), decir una trivialidad (*El rojo te sienta bien*) o manifestar una preocupación (*La situación económica del país es grave*). Esta es la función del lenguaje.

Cuando hablamos, muchas veces cometemos incorrecciones. No terminamos la frase y la «completamos» con un gesto del cuerpo, del rostro o de la mano. A veces, la inflexión de la voz, el tono con que decimos algo, permiten entender y que nos entiendan. Estos son también elementos complementarios de la palabra, suplen las deficiencias de nuestro lenguaje hablado o también contribuyen a reafirmarlo.

1.4 Instrumentos de la comunicación oral

Los instrumentos con que cuenta el ser humano para la comunicación oral son:

- la voz
- la palabra
- el gesto

Más adelante, analizaremos en detalle estos aspectos. Pero sabemos que existen técnicas específicas que contribuyen a que estos instrumentos sean más perfectos, más agradables y más precisos. La claridad, la concisión y el uso adecuado del lenguaje, su ordenamiento, hacen tanto a la comunicación oral como escrita.

Existen aspectos específicos e instrumentos precisos en el lenguaje hablado. Por eso, estos instrumentos necesitan ser educados para poder hablar bien. No basta con un dominio del lenguaje, con una buena sintaxis para hablar bien. Pablo Neruda fue genial como escritor, pero también se destacó por ser un mal comunicador. Cuando leía, lo hacía de forma monótona, lenta y aburrida. Por eso, el estudio y la práctica de la comunicación oral son determinantes para el buen orador. No basta con expresar en voz alta lo que se siente o la idea que se sustenta, por muy buena y noble que sea. La forma en que lo hacemos es también determinante. La práctica sistemática de ejercicios de oratoria pueden contribuir a que lo que usted sienta o piense llegue con claridad y concisión al interlocutor. La voz, una dicción correcta y una cualidad modulatoria, a veces innata, harán de usted un buen orador.

1.5 Naturaleza y función de la palabra

Con suma frecuencia, hablar en público se considera un arte práctico. Es práctico en tanto que útil, pues el hablar lleva implícitas una serie de funciones para el orador. Pero el hecho de hablar, de dirigirse a un público dado, ¿hasta qué punto es un arte? Es cierto que, a través de la historia, ha habido discursos de políticos y conferenciantes que se consideran verdaderas joyas estéticas, cuyo lenguaje poético posee una armonía difícilmente superable. Pero cuando decimos arte, nos referimos a la existencia de un sistema efectivo para hablar en público, que puede ser enseñado y estudiado, que se aplica al sinnúmero de decisiones que se han de tomar respecto al contenido, el lenguaje, la organización y la pronunciación del mensaje.

Consideremos estas cuestiones:

- ¿Cual es la función del discurso y la naturaleza del proceso de comunicación?
- ¿Cómo influyen sobre nuestras creencias y actitudes?
- ¿Cuales son las fuentes que dan origen a nuestro conocimiento del discurso y el proceso comunicativo?

1.6 Peculiaridades del lenguaje verbal

Al hablar, el hombre ha desarrollado una conducta que responde en nuestra especie a determinados deseos y necesidades humanas. Entre las peculiaridades del lenguaje verbal, debemos destacar sus funciones. Hablar representa muchas funciones que, si son expresadas, consideramos relevantes y otras, quizá más importantes, que al no ser expresadas claramente, pasan desapercibidas a menudo.

Su singularidad reside en que permite al hombre conocerse a sí mismo, encontrar el sentido del placer, conocer su entorno y comunicarse con otros seres. Al meditar, el hombre siempre se ha planteado esta interrogante: «¿quién soy?» La respuesta a esta pregunta íntima tiene una importancia práctica. Si desconocemos nuestra identidad elemental, la oportunidad de desarrollar con total plenitud nuestra capacidad humana se verá limitada en forma notable. Es necesario conocernos, saber quién somos, para tener noción de lo que podemos ser.

Dentro de este contexto, se trata de un axioma clásico del buen orador. A menudo, el discurso interior que realizamos al actuar, este pensamiento íntimo no convertido en lenguaje hablado, nos permite desarrollar cabalmente lo que luego hemos de decir, poniendo para ello las palabras y la voz. Realizamos así debates internos, consideramos cuestiones de gran significado para nosotros o establecemos planes futuros. Nada que requiera inteligencia puede llevarse a cabo sin ayuda del discurso que guía nuestras acciones y pensamientos. Por eso, para cualquier propósito práctico, no puede existir dicotomía entre el discurso y el pensamiento.

Hablar es una actividad placentera. El hombre puede realizar los mayores sacrificios y sufrir grandes dolores, tanto físicos como psíquicos, puesto que su capacidad para soportarlos es inconmensurable. Pero, en general, desde que nace, orienta su vida hacia el placer. Lograr el máximo de placer es una aspiración natural del *homo sapiens*. Como animal racional, no sólo está interesado en la supervivencia y en la continuación de la especie, sino también en la calidad de dicha supervivencia. El impulso hedonístico en el hombre está latente siempre, y su pasión es disfrutar del máximo placer posible. En este aspecto, el discurso satisface una necesidad del hombre.

Dijimos con anterioridad que hablar es una actividad placentera. Conversamos con otras personas no sólo por el mero hecho de comunicarnos, sino también porque esto nos produce placer, seamos conscientes de ello o no. Muchas veces, cuando cantamos, tarareamos o simplemente expresamos en voz alta nuestros propios pensamientos, lo hacemos porque nos proporciona una sensación de placer.

En muchos casos, esta actitud no se limita exclusivamente a la vida privada. Algunos oradores y conferenciantes, enamorados de su voz, a modo de charlatanes de feria, nos atrapan con su verborrea. A éstos, poco les importa que el auditorio crea o no en sus palabras o que las comprenda. En la historia hay casos célebres de semejante impostura. No obstante, podríamos casi asegurar con toda certeza que, en algún momento de su vida, todas las personas han disfrutado del sonido de su voz, ya sea en una conversación importante o en un simple cotilleo.

Ejercicios

1. Responda a las preguntas siguientes.

    1.1 ¿Cuál es el don particular que han recibido los hombres para comunicarse?

    1.2 ¿Qué medio ha desarrollado el hombre para comunicarse?

    1.3 ¿Cuándo adquiere valor para los demás el pensamiento humano?

    1.4 ¿Por qué tiene tanta importancia el lenguaje hablado en la sociedad moderna?

    1.5 ¿Por qué se dice que se comenten muchas incorrecciones al hablar?

    1.6 ¿Con qué instrumentos cuenta el ser humano para la comunicación oral?

1.7 ¿Cómo se logra mejorar la expresión oral?

1.8 ¿Por qué es importante para la oratoria que el hombre sepa quién es?

1.9 ¿Cree usted que hablar es una actividad placentera?

1.10 ¿Es la capacidad de hablar mucho un ejemplo de buena oratoria?

2. Explique oralmente los temas que se relacionan a continuación. Si es posible, controle su discurso por medio de una grabación.

2.1 ¿Qué es la oratoria?

2.2 La necesidad de comunicarse

2.3 Diferencias entre el lenguaje oral y el escrito

2.4 El arte de la oratoria

2.5 ¿Existe dicotomía entre el discurso y el pensamiento?

3. Tomando como base las grabaciones anteriores, realice una evaluación de sus exposiciones orales. Dé una valoración de bien (B), regular (R), deficiente (D) a los aspectos siguientes:

Dicción	
Interés	
Vocabulario	

4. Elija un tema que le agrade. Prepare el equipo de grabación y hable libremente sobre ese tema durante cinco minutos. A continuación, transcriba a papel lo que haya grabado. ¿Qué diferencias comprueba entre el lenguaje escrito y el oral?

5. Elabore una redacción sobre un tema que le interese. Prepare el equipo de grabación y lea lo que haya escrito como si estuviera pronunciando un discurso. Comente el resultado.

2 CUALIDADES DEL BUEN ORADOR

Entre las cualidades que un buen orador debe tener está la capacidad para transmitir un mensaje diáfano, conciso, coherente, persuasivo y natural. Estas condiciones resultan determinantes para que el diálogo tácito entre orador y auditorio no se interrumpa. El buen orador se distingue porque logra que el receptor sienta que se dirige a él exclusivamente. Un buen orador nunca habla a la masa informe, sino que lo hace como si se dirigiera a cada uno de los presentes.

2.1 Objetivos del orador

Cuando se dirige a su público, el orador persigue un objetivo primordial: comunicarse con él y hacer que comprenda su mensaje. El receptor, por su parte, no puede hacer lo que haría un lector, o sea, volver la página si no ha comprendido bien lo expresado. Por eso, es tan importante que el orador hable con una voz adecuada para el lugar y el auditorio, que utilice palabras que sean comprensibles para el público y, por supuesto, lo haga en función del público. No es lo mismo hablar en una universidad para estudiantes de Filosofía, Medicina o Historia que dirigirse a un público de escasa cultura. Pero el principio es el mismo: hablar con claridad, de forma concisa, persuasiva y natural le garantizará al orador una atención permanente, ya sea en la universidad, en el parlamento o en un mitin callejero.

Cuando decimos que el mensaje debe ser diáfano y claro, no sólo equivale a ser capaz de expresarse para un público con una cultura media, sino que significa también que lo expuesto deberá hacerse con una buena sintaxis y un léxico que sea comprendido por la mayoría. En otras palabras: Podemos decir que un orador se ha expresado de forma clara, diáfana y concisa cuando los pensamientos que expresa son recibidos sin ninguna dificultad por el interlocutor.

Al disertar sobre un tema conocido para nosotros, tendemos con harta frecuencia a pensar que lo que estamos diciendo será comprendido por todos los presentes. Y aunque esto puede ser así cuando nos dirigimos a especialistas en la materia que estamos tratando —ya sea filosofía, informática o medicina—, cuando se habla ante un público no homogéneo, los tecnicismos y los términos científicos pueden hacer que el auditorio distraiga su atención y todo le resulte aburrido. Por esta razón, si fuera inevitable su uso (biogenética, parapsicología, desarrollismo, etc.), estos conceptos deberán explicarse o definirse con el mayor rigor y, a la vez, con un máximo de sencillez cuando así lo exija el nivel cultural general.

El orador deberá evitar las cacofonías, las confusiones y ambigüedades al dirigirse al auditorio. Hará el menor uso posible de frases complejas. También se recomienda no extender innecesariamente una pausa lógica, puesto que puede inducir a error. Y, por último, necesario destacar que un buen volumen de voz, dentro de límites razonables, contribuye a la claridad de la exposición y a su comprensión.

2.2 Ideas concretas

Parafraseando a un gran escritor alemán, podemos decir que «a ideas concretas, palabras concretas». Es importante utilizar expresiones precisas, no vagas, que se ajusten a lo que se quiere decir. Está claro que la concisión no significa laconismo. Lo que ocurre es que la precisión en los conceptos evita la verborrea, la redundancia, el titubeo que, en última instancia, perjudican la comunicación.

Hay que resaltar lo que es digno de ser comunicado, evitando todo lo superficial y banal, todo aquello que pueda resultar desagradable para el público, independientemente de su nivel cultural. Si un tema exige media hora para ser tratado, no tiene sentido hacerlo en una hora. Porque entonces el orador se verá obligado a «florear» su discurso y esto afectará su comunicación con cualquier auditorio.

Las ideas fluirán de forma precisa, concreta, si se evita lo siguiente:

- Los lugares comunes. Por ejemplo: «no hay que confundir la libertad con el libertinaje.»
- Las frases hechas, «gastadas» de tanto uso impropio y que no dicen nada. Por ejemplo: «Hay que llevar la nave del Estado a puerto seguro...»

- La reiteración de palabras o el uso de frases ampulosas, que, en última instancia, quieren decir lo mismo. Por ejemplo: «Quedó sorprendido, paralizado, atónito, estupefacto...»; «Logró la ayuda espontánea de sus coterráneos, la adhesión incondicional de sus congéneres, la cooperación vehemente de cuantos le escucharon...»

En cuanto a la coherencia, podemos decir que toda persona que se dirige de forma oral a un público, no importa cuál sea su nivel cultural ni su estracción social, ha de hacerlo de manera que sus ideas fluyan sin que el receptor tenga que hacer un especial esfuerzo para asimilarlas. Las ideas expuestas deben ser elaboradas de forma lógica, evitando las contradicciones. Si se van a emplear paralelismos y antítesis, estos serán relevantes y no frases «trilladas», como, por ejemplo, «Lo grande se demuestra a menudo en cosas pequeñas...». La inteligencia del orador, su capacidad comunicativa, no se verán favorecidas por frases como estas.

Si expresan criterios personales mientras se expone una idea, para, acto seguido, exponer opiniones de otros, se le hará saber al auditorio. De lo contrario, existe el riesgo de inducir a error al público asistente.

Por último, una regla de oro: el vocabulario del orador ha de ajustarse al público al que se dirige. Ante un auditorio de economistas, por ejemplo, podrá utilizar un lenguaje técnico que los receptores comprenderán fácilmente (inflación, deflación, coyuntura, gestión de cambio, macroeconomía, etc.). Pero ante un público heterogéneo y de nivel medio o bajo, deberá explicar con claridad, paciencia y perseverancia lo que está exponiendo, de modo que también estas personas puedan comprender sus ideas.

2.3 Modulación y timbre

Disraeli, el gran estadista británico del siglo XIX, sostenía que no existe mejor indicador del carácter de una persona que su voz. A veces, cuando oímos a una mujer de voz muy aguda y nasal, pensamos: «¡parece una arpía!» Una voz áspera y gutural nos da la imagen de una persona tosca y brutal. Aunque esto no sea exactamente así, no deja de ser cierto que el timbre de voz es de suma importancia para el orador.

Un disertante de voz atiplada puede molestar al auditorio. Una vez, mientras veía la televisión, apareció un político de nueva hornada, que tenía el loable propósito de exponer su programa electoral. Comenzó a hablar y, un minuto después, cambié de canal, no porque lo que dijera no fuera interesante, sino por su timbre de voz. Su voz no se correspondía con su persona. Era bien parecido, alto, inteligente, pero nadie le había dicho que, para hablar en público, primero tenía que educar su voz, procurar su timbre, aun siendo agudo, no afectara al auditorio.

Una voz agradable, cálida, predispone de entrada al auditorio en favor del orador. Una voz expresiva es la mitad del éxito. ¡Cuántas veces no hemos oído a una persona hablando de carretilla de una forma tan inexpresiva que, habiéndole escuchado todas las palabras, no hemos entendido nada de lo que ha dicho!

En España, hubo un locutor deportivo con un timbre de voz tan agradable y una modulación tan expresiva que los oyentes atendían cada palabra que decía. Lo mismo ocurre con otros profesionales. Hay locutor que comentan las noticias o los espectáculos con un lenguaje rico y variado, pero cuentan también con una voz cálida y sonora. Su dicción es perfecta y su voz expresiva. Así vemos que la voz no sólo sirve para decir palabras, sino también para predisponer al auditorio a nuestro favor.

Sin embargo, ¿cómo se puede mejorar la voz de forma que resulte más eficaz? La práctica es un buen principio para mejorarla, pero no basta con ella. La práctica, si se desconoce la mecánica de la voz, puede ser perjudicial, pues, precisamente, puede llevar a fijar los defectos y no a mejorarlos. Un orador que desee sacar un máximo provecho a su voz tiene que comenzar por conocer el mecanismo que la produce y los métodos que pueden contribuir a mejorarla y modificarla en su provecho. Pero, de esto hablaremos más adelante.

2.4 El receptor ha comprendido el mensaje

El receptor comprenderá el mensaje si el disertante domina la materia, si su timbre de voz es el apropiado para el ámbito en que se desarrolla la conferencia o el discurso y si el tono se ajusta al sentimiento y la expresión. El receptor sólo seguirá al conferenciante si éste mantiene un vínculo permanente entre ambos. Existe una fórmula sencilla para impedir que el receptor «pierda» el hilo conductor, que consiste en que el conferenciante u orador exponga sus ideas unas tras otras.

Los grandes paréntesis, que pueden ser interesantes para el emisor con el fin de aclarar posteriormente una idea, puede resultar perjudiciales para el oyente, porque al perder el hilo conductor de la disertación, termina por perderse y aburrirse, olvidándose del mensaje y del mensajero. Ese es el momento en que empieza a toser, a moverse en la silla, a hablar con la persona que está a su lado, etc.

El orador no debe perder de vista el hecho de que el protagonista del proceso comunicativo no sólo es él, sino que también lo es el receptor u oyente. Porque sin ambos no existe ningún proceso comunicativo. Alguien tiene algo que decir y alguien tiene algo que escuchar. Si bien la voz, como ya hemos dicho anteriormente, es el cincuenta por ciento de una conferencia, no es menos cierto que el otro cincuenta por ciento reside en la inteligencia del orador para comunicar ideas y sentimientos que movilicen al auditorio.

Quien habla y quien escucha intercambian ideas y sentimientos a través de la palabra. El orador ha de dar el máximo de sí para lograr que esta comunicación se logre tomando en consideración, en todo momento, el estado anímico, moral e intelectual, la edad, la receptividad y el nivel cultural del auditorio. De lo contrario, jamás tendrá lugar una comunicación.

La conferencia mejor elaborada y preparada, un discurso bello y profundo, una reunión organizada con la máxima precisión pueden fracasar si no se le concede al auditorio la debida importancia, si no se ha pensado concienzudamente en algo muy simple: el destinatario del mensaje, su nivel intelectual y sus circunstancias.

2.5 Exactitud y concisión en el mensaje

La exactitud y la concisión en el mensaje son elementos esenciales de todo buen orador. Si quiere que el receptor preste toda su atención a la exposición, su lenguaje ha de ser exacto y conciso, ha de expresar sus ideas y sentimientos con un lenguaje breve y enérgico. Las frases cortas, la palabra precisa en el momento adecuado, garantizan una buena atención. Las grandes parrafadas, la retórica florida, pueden impactar en el momento, pero terminan por aburrir. Cuando decimos concisión no queremos decir laconismo, algo que está bien para el mensaje telegráfico. Y, con toda seguridad, nunca será esta la intención de un conferenciante u orador. El lenguaje periodístico, de frases cortas y precisas, es la forma ideal para lograr que el oyente preste atención al mensaje.

Para que el mensaje sea comprendido por el receptor, en primer término, debemos conocer a fondo el tema que estamos tratando y estar convencidos de lo que estamos diciendo. Por eso, no sólo el timbre de nuestra voz, el saber decir las cosas, la modulación de las palabras, la exactitud y la concisión en el lenguaje son suficientes para que el auditorio mantenga el interés por lo que estamos diciendo, sino que también es importante mantener el contacto con la realidad y con las ideas de nuestro tiempo sometidas a debate.

2.6 Convicción y persuasión

Toda persona que se dirige a un público determinado, se trate de un telepredicador, un sacerdote, un político, un vendedor ambulante o un conferenciante, procura por todos los medios convencer de las bondades de lo que está exponiendo. Todos buscan, en primer lugar, convencer al auditorio y, para ello, hay que saber argumentar muy bien. Esto sólo es posible si se parte de una realidad que el receptor conoce y él considera que lo que le están diciendo es así.

Si la argumentación es sólida, fundada en la realidad circundante, si existe un dominio profundo del tema, se logrará convencer al auditorio por la fuerza argumental en sí misma. De pronto, el receptor se convencerá de que lo que le están diciendo es algo que rondaba su cabeza, pero que él no podía explicarse. ¡Ahora lo comprende! Esa persona ya está convencida. No existe imposición alguna, sino simple confirmación de algo que el receptor intuía, pero no comprendía en toda su magnitud. La aceptación de la argumentación, esto es, el convencimiento, es libre y reflexiva.

Cuando un telepredicador se dirige a su auditorio de fieles, argumenta muy bien sobre algo que los receptores están buscando y no han encontrado aún. Y es él quien les señala el camino, es él quien les convence de las virtudes de sus creencias. En la mayoría de los casos no se trata de encontrar a Dios, pues Él está en cada uno de nosotros, sino de sentirse bien y en paz consigo mismo. Por supuesto, hay mucho charlatán, pero también existen predicadores veraces que logran este objetivo: la paz espiritual de sus fieles. Las personas a las que va dirigido el mensaje aceptan de buen grado los argumentos y se sienten iluminados por razonamientos que desconocían.

Pero existe otro elemento complementario de la convicción y es la persuasión. Este es un instrumento formidable que todo orador debe cuidar con esmero. La persuasión busca influir mediante el razonamiento o los sentimientos en la mente y el espíritu del receptor.

Al término de un discurso, el receptor puede estar convencido de lo que le han comunicado. La argumentación ha sido sólida y veraz. La claridad con que el disertante ha expuesto el tema, su voz bien modulada, su presencia, su exquisito lenguaje, han penetrado por ojos y oídos en la mente del receptor, pero no lo han persuadido, no lo han motivado a hacer algo. «La argumentación es irrefutable, meridianamente clara, estoy de acuerdo con todo lo que dices, pero con aceptarlo me basta», así pudiera pensar el receptor una vez recibido el mensaje. Hasta ahí, la comunicación entre ambos ha sido fluida. Pero no pasa de este punto. Está convencido, pero no persuadido.

El orador triunfa cuando logra que la persona que está convencida se persuade de la bondad de la idea o del argumento planteados, cuando se siente motivada para hacer, libre y espontáneamente, lo que el disertante le ha convencido que haga. Existen políticos que tienen ese poder de convicción y persuasión. Kennedy fue un político paradigmático en este aspecto. No sólo influía sobre el intelecto del receptor, sino también sobre sus emociones. La carga emocional de sus discursos, después de haber apelado a su comprensión intelectual, movieron al ciudadano medio de su época a cambiar la realidad de la nación. Su ya mítica frase «No preguntes qué puede hacer por mí mi país, sino qué puedo hacer yo por mi país» ha sido utilizada, con mayor o menor éxito, por políticos de muchos países después de su muerte. Esa frase es un monumento a la persuasión.

Porque la persuasión no sólo se contenta con influir en la mente del receptor. También busca influir también en su voluntad. Es decir, no sólo trata de ahondar en el proceso cognoscitivo, sino que va más allá. Cuando el orador percibe que la argumentación de su exposición y la información dada han sido aceptadas como válidas, es entonces cuando empieza a ponerse en funcionamiento el instrumento emocional. Es aquí cuando se inicia la persuasión, cuando emotivamente el receptor sale de su pasividad y comienza a accionar. Aplausos, gritos, consignas... y el auditorio está motivado.

No es intención de este libro emitir juicios de valor sobre ningún personaje histórico, pero sí recurriremos a algunos ejemplos reales para demostrar nuestras aseveraciones. Un político argentino, Juan Domingo Perón, hizo de la persuasión un arte. Movilizaba a las masas con cada discurso. Además de presentar evidencias y argumentar sólidamente, también demostraba por medio de la emoción que los criterios por él defendidos sólo buscaban la satisfacción de los deseos y necesidades de su pueblo. Si esto fue así o no, no es motivo de estudio en este trabajo. Simplemente, pretendemos demostrar que el orador buscará siempre convencer al auditorio, pero también persuadirlo de sus razones.

Durante las elecciones Generales que se realizaron en España en 1993, Felipe González, un gran comunicador, logró por cuarta vez consecutiva convencer y persuadir a los votantes de las bondades de su programa político, aun cuando la situación del país era extremadamente difícil y tenía todos los indicadores políticos y económicos en su contra.

Los promotores y expertos en relaciones públicas procuran crear un estado de opinión en torno a las ventajas de determinados productos, instituciones o personalidades. El abogado defensor y el fiscal, especialmente en sus alegaciones finales, procuran convencer y persuadir al jurado. Los sacerdotes y predicadores de las más variadas creencias procuran que sus fieles lleven una vida digna y noble. El político, como ya hemos visto, intenta influir en la intención de voto de los electores. Pero, ¿cómo dar mayor vehemencia y vigor a los argumentos expuestos por el orador que intenta pronunciar un discurso realmente persuasivo?

Todo discurso persuasivo persigue un fin: cambiar opiniones, actitudes y tendencias del auditorio. El orador que pide que acepten sus ideas, sus razonamientos, desea que quienes le escuchan crean, sientan y actúen como él.

Con un discurso persuasivo, tratamos de influir específicamente sobre las opiniones y las actitudes de los demás y, a veces, vamos más allá y les inducimos a actuar. Podemos pedir su firma para un refrendo, dinero para la campaña electoral o para una campaña en defensa de los animales, para organizar un desfile o manifestación, etc. Es por eso que lo que define al discurso persuasivo es la llamada a la acción. No se conforma con apelar a las creencias o demostrar actitudes, sino que procura que los receptores demuestren con hechos la profundidad de sus convicciones y sus sentimientos, actuando conforme a una conducta específica.

Pero, en uno u otro caso, la opinión de los receptores se verá influenciada por los argumentos, así como por los sentimientos. Por ejemplo, cuando un abogado defiende a su cliente aduciendo enajenación mental en el momento de cometer un delito, está tratando de persuadir al juez para que sea clemente, perdone y compadezca al acusado. Otro ejemplo: El candidato a la presidencia de un país, a lo largo de la campaña electoral, no se esfuerza solamente en pedir la lealtad a su persona y al partido que representa, sino que busca acentuar las creencias de sus votantes potenciales en relación con las grandezas y miserias de su país, además de intentar persuadirles de que los votos a su nombre no sólo le beneficiarán a él personalmente, sino a la patria en su conjunto.

Por eso, el orador, en un discurso persuasivo, persigue el objetivo de que el receptor acepte sus ideas y las haga suyas, que modifique de cierta forma sus opiniones, actitudes y tendencias.

Para lograr esto —cosa nada fácil, por cierto—, los argumentos del orador deben apoyarse en hechos significativos para que los receptores sean proclives a actuar o pensar tal como el orador les propone. El orador tiene que convencer a su auditorio de que lo que está «vendiendo» —sea un producto, la presidencia de gobierno o la bienaventuranza— únicamente busca satisfacer sus deseos, fortalecer sus necesidades básicas o afirmar sus creencias, respectivamente.

Ejercicios

1. Responda a las preguntas siguientes:

   1.1 ¿Qué cualidades debe tener el mensaje del buen orador?

   1.2 ¿Cuál es el principal objetivo del orador?

   1.3 ¿Qué defectos del lenguaje debe evitar el orador al dirigirse al auditorio?

   1.4 ¿Qué debe evitar el orador para que sus ideas sean concisas?

   1.5 ¿Qué puede ocurrir si el público tiene que esforzarse por comprender el discurso?

   1.6 ¿Cómo se puede mejorar la voz?

   1.7 ¿Cómo se puede facilitar la comprensión del mensaje?

   1.8 ¿Qué factores debe tomar en cuenta el orador para que se establezca una comunicación con el auditorio?

   1.9 ¿Cómo se logra la exactitud y concisión en el mensaje?

   1.10 ¿Cree usted que convencer y persuadir tienen la misma finalidad en la oratoria? Razone su respuesta.

2. Repase el capítulo y anote concisamente todos los aspectos que un buen orador debe evitar.

3. Repase el capítulo y anote concisamente todos los aspectos que un buen orador debe procurar.

3 LA ORATORIA Y SU ESTILO

3.1 Definición del concepto

El estilo es la forma que posee toda persona de expresar ideas o sentimientos de forma literaria u oral. Los intelectuales y los políticos son, a menudo, los que marcan el estilo de toda una época. En la pintura, por ejemplo, Picasso, Van Gogh, Dalí; en la literatura, Flaubert; en la música, Beethoven o Debussy, y en la política, Azaña, Cánovas del Castillo, Cambó, etc., por citar unos pocos ejemplos, marcaron el estilo de toda una generación.

Pero el estilo es también la riqueza de imágenes creadas a través de la palabra, de sus matices. No sólo de lo que se dice, sino también de cómo se dice. La forma hace al estilo.

Y en la oratoria, este último factor debe ser tenido muy en cuenta.

3.2 Cualidades estilísticas en el lenguaje hablado

En el lenguaje hablado las cualidades estilísticas por excelencia son las siguientes:

- Claridad de exposición
- Uso de frases breves y precisas
- Coherencia en las ideas
- Sencillez y naturalidad

Ya mencionamos anteriormente la importancia de la claridad de exposición en la oratoria. Pero queremos insistir en ello, pues hablar con claridad significa también hablar con propiedad, de forma que lo que diga el emisor del mensaje llegue sin complicaciones al hombre común, que éste comprenda cabalmente la información dada. Vemos así que claridad de exposición significa, además, pensamiento transparente, conceptos bien elaborados, con un vocabulario y una sintaxis adecuados al lugar y a las personas a las que va dirigido el mensaje.

La exposición concisa, con frases cortas y exactas, es también un elemento que el orador ha de tener en cuenta. Las grandes parrafadas, la pomposidad en el estilo, no contribuyen a mejorar la comprensión del discurso. Distraen.

Las ideas deben ser expresadas de modo coherente, el discurso debe fluir como el agua de un manantial, sin contradicciones, de forma armónica, estableciendo una relación lógica entre lo que se piensa y lo que se dice.

La sencillez y la naturalidad del discurso significa, ni más ni menos, desechar expresiones demasiado complicadas, evitar el barroquismo, la grandilocuencia, lo trivial y superficial.

Lo anecdótico puede ser útil en un momento dado, pero no puede ser elemento esencial del discurso. La anécdota es interesante para destacar lo esencial, y no al revés.

El orador debe procurar en todo momento ser natural, es decir, utilizar el lenguaje que le es habitual, sin caer en la afectación y el amaneramiento. La naturalidad no está reñida con la elegancia ni con la belleza. Todo lo contrario, es necesaria para huir de lo vulgar, de lo chabacano.

3.3 Peligros que acechan al orador

El orador que se enfrenta a un público determinado debe conocer los peligros que le asechan y que pueden impedir la comunicación.

El primer peligro es el de embelesarse con su propia voz, dejarse llevar por las vehemencias de su discurso, devaluando el mensaje o dándole una importancia residual. El más peligroso paradigma de esta forma de decir fue Adolfo Hitler. En una conversación mantenida con un político de su época, el Dr. Rausching, Hitler le decía que lo que él buscaba en la masa era arrancarla de su apatía, fanatizarla, convertirla en un instrumento dócil a su voluntad. Sostenía que, al hablar a las masas, era necesario eliminar la razón. Terminaba diciendo: «Lo que le digo al pueblo en condición de masa, en un estado receptivamente dócil de fanática entrega, permanece como una señal dada en estado de hipnosis; se resiste a todo razonamiento lógico».

Este peligro está latente en muchos oradores, cuya intención no es la misma, pero el resultado es similar. Así lo hemos visto en algunos telepredicadores, que más tarde terminaron siendo rechazados por la propia comunidad que los había ungido como líderes.

Es por eso que el orador no debe perder nunca el sentido de la razón. Lo que le diga al receptor debe ser para que razone y piense —aunque no sea en ese momento— sin fanatismo, libremente, de modo que su aceptación o no de lo que ha oído sea también libre. El apelar a los sentimientos nunca debe ser a costa de obnubilar la razón.

Para ello, el orador evitará por todos los medios influir en quienes le escuchan como si fueran masa. No lo son. Una masa se compone de miles de individuos y cada uno de ellos tiene su personalidad e idiosincrasia. Es cierto que están juntos ante el orador, pero no revueltos. El estremecedor cuadro titulado *La masa*, que pintó el genial artista mexicano José Clemente Orozco y que muestra miles de bocas abiertas, violentas e iguales, debería estar en la casa de cada orador para advertirle del peligro que le acecha.

3.4 Coherencia entre palabra y gesto

Así como dijimos que la coherencia en el discurso es un principio esencial de la oratoria, lo es también la coherencia entre palabra y gesto. Sobre todo con los nuevos medios audiovisuales, como la televisión. Porque a veces una simple contracción de los hombros o el movimiento expresivo de las manos puede ser más revelador que cien palabras.

Si la idea expresada es vigorosa, el gesto no puede ser lánguido; una idea de mínima trascendencia, acompañada de gestos vigorosos de la mano o el cuerpo, puede conducir al orador al ridículo.

Un ejemplo de la importancia entre discurso y gesto puede verse en los documentales de archivo que se han conservado en relación con Benito Mussolini. Podía decir cosas intranscendentes o lanzaba ardorosas parrafadas acompañadas de exagerados gestos con la cara y con las manos, que, al suprimir el sonido, mueven a risa.

Por último, el orador no debe olvidar que lo primero que recibe el receptor, antes que su palabra, es su imagen. Esta impresión inicial visual es lo que puede poner en su favor al auditorio, y es lo que hará que el auditorio crea en la sinceridad de las palabras que le dirige.

Ejercicios

1. Responda a las preguntas siguientes:

   1.1 ¿Qué es el estilo oratorio?

   1.2 ¿Qué cualidades estilísticas debe tener el lenguaje hablado?

   1.3 ¿Qué peligros acechan al orador?

2. Cite tres ejemplos diferentes de estilo en la oratoria. Coméntelos aquí, según sus propios criterios.

1. El estilo de ....

es ....

....

....

2. El estilo de ....

es ....

....

....

3. El estilo de ....

es ....

....

....

3. Explique por qué algunos oradores pueden ejercer una influencia perjudicial sobre su auditorio.

4. Mencione tres ejemplos de influencia negativa y otros tres de influencia positiva en la oratoria.

Influencia negativa	Influencia positiva
1.	1.
2.	2.
3.	3.

4 IMPORTANCIA DE LA VOZ EN LA COMUNICACIÓN ORAL

4.1 Los instrumentos

Los instrumentos del cuerpo humano que cumplen la función de emitir la voz se utilizan también para cosas biológicamente más importantes que la producción de sonidos. La lengua, por ejemplo, nos sirve para comer; las cuerdas vocales protegen los pulmones del aire viciado; la nariz se usa para respirar, etc. Pero, en concreto, a nosotros nos interesa saber cuáles son las partes del cuerpo humano que sirven para emitir la voz, que son todos los músculos, huesos, cartílagos y órganos que nos permiten hablar. Para diferenciarlos, podemos formar dos grupos esenciales:

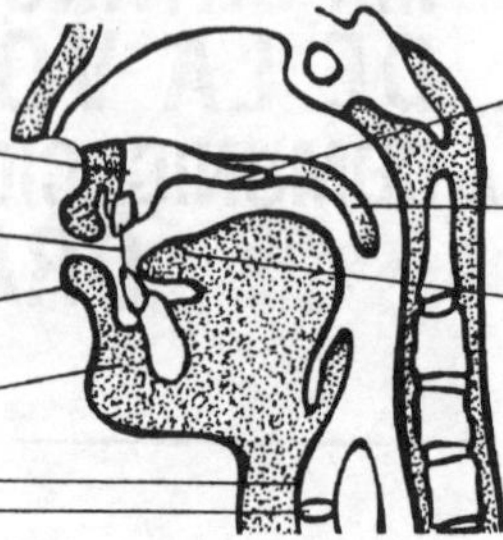

- El mecanismo reproductor de la voz, que comprende los pulmones, la laringe y las cuerdas vocales y la faringe, las cavidades nasales y la boca.
- El mecanismo articulatorio compuesto por la lengua, los dientes, los labios, los maxilares, la bóveda y el velo palatinos.

4.1.1 El mecanismo reproductor

El mecanismo reproductor de la voz actúa como un fuelle. La caja torácica, al expandirse, permite la entrada del aire a los pulmones. Cuando se cierra, expulsa el aire contenido en estos órganos. Este mecanismo comprende también los bronquios y la tráquea, por cuyo extremo superior sale el aire. Las costillas, los cartílagos y los tejidos permiten mantener el «fuelle» en su sitio. Con ellos, podemos controlar la potencia o la emisión de la voz, tomando más o menos aire y expulsándolo con mayor o menor intensidad. Están también los músculos que contraen o

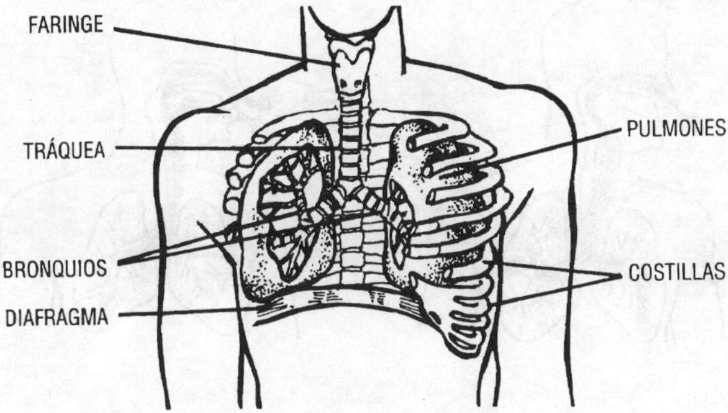

expanden los pulmones, haciendo posible la entrada del aire, su compresión y su emisión.

No entraremos a describir cada uno de los músculos que intervienen en la fonación, pues no es misión de este libro. Lo que sí podemos decir es que este «fuelle» actúa de dos formas:

- Unos músculos hacen descender las costillas, contrayéndolas para permitir la aspiración del aire. De esta manera, ejercen presión sobre los pulmones al obligar a que el «fuelle» se expanda.
- Entre tanto, los músculos abdominales presionan hacia arriba la base inferior de los pulmones, como si fuera un pulmones, los músculos hacen que las costillas se dilaten aumentado horizontalmente su capacidad, en tanto que el diafragma, un músculo ancho y delgado que separa el

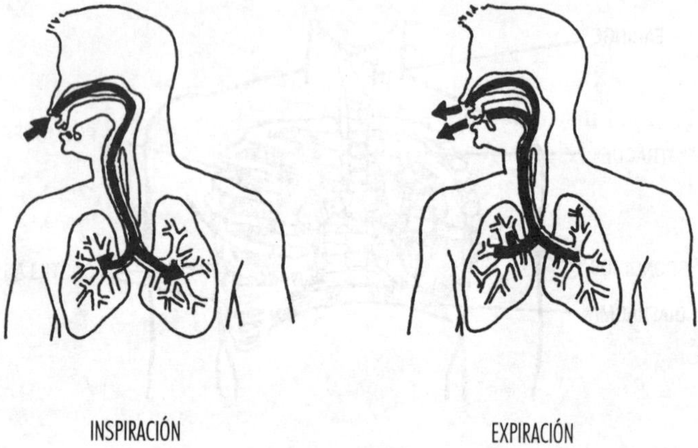

pecho del abdomen, incrementa verticalmente el espacio, provocando el descenso de la cavidad torácica. Esta dilatación, en uno y otro sentido, hace que el aire penetre en los pulmones a través de la tráquea y los bronquios. La acción coordinada de la inspiración y la expiración provoca el movimiento de la pared torácica, así como el ascenso y descenso del diafragma.

Dentro de este mecanismo reproductor, existe otro que recibe el nombre de mecanismo vibrador. Su elemento principal es la laringe. El aire contenido en los pulmones pasa por la tráquea hacia la laringe. En la parte superior de la tráquea se encuentra la laringe; unos músculos ligados a ella la mueven hacia arriba y hacia abajo. Está formada por cartílagos ligados entre sí, y su posición puede variar por la acción de pequeños músculos finamente entretejidos. Dentro de la laringe, se encuentra el principal instrumento fonador, las cuerdas vocales, que son ligamentos de la laringe cuyas vibraciones producen la voz. Estas finas cuerdas o membranas se estrechan de forma que sólo quedan pequeñas ranuras por donde el aire contenido en los pulmones, al verse forzado a pasar por ellas, produce un sonido. El timbre de este sonido, ya sea grave o agudo, alto o bajo, depende de los músculos que controlan el alargamiento o la tensión de este instrumento fonador.

Resumiendo, podemos decir que el mecanismo que permite emitir sonidos se asemeja a un instrumento de viento. El fuelle (caja torácica) comprime el aire de los pulmones, que se ve forzado a salir a través del vibrador que produce un sonido primario. Al pasar por los resonadores que se encuentran en la garganta, la boca y el cráneo, éste se modifica y amplifica. Por último, al pasar por el mecanismo de la articulación, se altera el timbre que sirve también para producir sonidos consonantes.

Al pasar el aire por las cuerdas vocales, el sonido es aún débil. Le queda pasar por unas cámaras de aire que se encuentran en la garganta y el cráneo, que actúan como caja de resonancia. Esta caja de resonancia se compone de la laringe, la faringe, las cavidades nasales y la boca. Estos instrumentos resonadores funcionan de forma similar a la caja de resonancia de un instrumento de cuerdas. Por un lado, amplifican el sonido y, por otro, modifican el timbre. Este puede ser chillón y extremadamente agudo o grave y melodioso. Podemos decir que las vocales son los sonidos puros que se producen por la vibración del aparato fonador, son amplificados por la caja de resonancia que acabamos de explicar, pero que aún no han sido modificados por el mecanismo articulatorio.

4.1.2 El mecanismo articulatorio

El mecanismo articulatorio que modifica los sonidos que se emiten por medio de las cuerdas vocales se compone de la lengua, los labios, los dientes, los maxilares, la cavidad y el velo palatinos. Ellos son los que modifican el sonido primario.

La cavidad bucal cambia de tamaño y forma cuando estos órganos se ponen en funcionamiento, variando también el timbre y el sonido emitidos. Es función del mecanismo articulador formar los sonidos de las consonantes mediante el cierre súbito, la apertura progresiva o brusca o cualquier otra acción que interrumpa el flujo continuo de los sonidos primarios (vocales). El uso adecuado de este instrumento modificador de los sonidos es lo que permite «decir» con nitidez y precisión.

El dominio de la voz es tan importante como su calidad. Saber modular el tono de la voz, saber atemperarla o elevarla en el momento preciso, saber articularla pasando de un tono a otro, como lo hacen los grandes cantantes de ópera o los buenos actores, es algo absolutamente necesario para el orador.

Por supuesto que la actitud psíquica y emotiva del orador en relación con el público oyente o el tema influirá en las palabras que pronuncie; el timbre y la modulación de las palabras se verán afectados.

El equilibrio entre la resonancia bucal y la nasal se consigue mediante ejercicios foniátricos y la excesiva tensión de las cuerdas vocales se previene con una buena relajación muscular. El dominio de estos dos aspectos del problema le permitirán hablar varias horas sin que su voz se «fatigue».

4.2 La calidad de la voz

La calidad de la voz se mide por su nivel de agrado. Cuando se habla del tono de la voz, muchas veces no se refiere tanto a si es aguda o grave, sino a su timbre. Una voz melodiosa, ligeramente grave, cristalina, acompañada de una dicción correcta, es la primera impresión que recibe el auditorio y, sin duda alguna, lo predispondrá a favor del conferenciante o disertante. Pero si resulta áspera, nasal o gutural, bien puede el orador ir buscándose otro menester. Por eso, es necesario perfeccionar la propia voz, si se tiene alguno de estos defectos, para que la impresión del público sea más favorable.

Existen ejercicios foniátricos que permiten superar estos defectos. La calidad de la voz es esencial para todo orador. El equilibrio entre la resonancia bucal y la nasal, la prevención de tensiones excesivas en las cuerdas vocales, la práctica de ejercicios regulares de relajación de todo el instrumento fonador, así como de ejercicios buco-nasales dirigidos por un foniatra, pueden contribuir a eliminar los defectos que acabamos de mencionar.

Las deficiencias más comunes de la voz son: la voz débil, la ronca, la chillona y la nasal.

La voz débil puede estar causada por una falta de actividad de los músculos de la lengua y por un paladar blando, que hacen que las cavidades de resonancia se usen poco. También el nivel armónico puede ser muy alto, hasta llegar al falsete, porque los tonos graves no se usan o se usan poco. También puede ser insuficiente la potencia de los músculos respiratorios.

Si la voz que usted tiene es débil, siga estos consejos:

- Hable en un tono más grave que el usual y con una intensidad sonora mayor.
- Abra más la boca, especialmente en la emisión de las vocales, con el fin de aumentar el volumen de la cavidad bucal a la vez que mejora la resonancia.
- Articule bien las palabras y procure que, al ser emitidas, éstas tiendan al sonido grave.
- No termine las frases hacia arriba, pues la debilidad de su voz será mayor y también lo será la posibilidad de un falsete.
- Haga ejercicios con la palabra *banda*, alargando lo más posible la *a*, como si el sonido le saliera a usted del interior de la caja torácica.

La voz ronca o chillona tiene una causa muy simple: excesiva tensión de los músculos de la garganta y de las cuerdas vocales. Esta calidad de voz puede provocar una infección o irritación de la faringe. Por ejemplo, una faringitis crónica. En este caso, debe recurrir a un otorrinolaringólogo o a un foniatra.

En el caso de que el especialista no observe síntomas de carácter patológico, puede paliar estos defectos de la voz de la manera siguiente:

- Realice ejercicios de relajación de los músculos del cuello.
- Mientras gira la cabeza alternativamente a derecha e izquierda con suavidad, pronuncie en voz baja las palabras *jaca, jefe, giro, jarro*, prolongando las vocales hasta conseguir un sonido melodioso.

Si persiste la ronquera, reduzca aún más la salida de aire, haciendo que su paso por las cuerdas vocales sea más suave. Una vez que logre la nitidez deseada, comience lentamente a aumentar la capacidad sonora hasta llegar al máximo de intensidad posible, sin forzar las cuerdas vocales.

La voz nasal se produce por una escasa sonoridad nasal. Las fosas nasales no se abren como es debido. Cuando pronunciamos las palabras batán, matón, cartón, el velo del paladar se eleva y cierra el paso del aire al pronunciar la letra t, bajando luego para permitir la sonoridad de la n en la cavidad nasal.

Para eliminar este defecto, puede realizar estos ejercicios:

- Prolongue las letras *m, n* y *ñ*, buscando su sonoridad en la cavidad buco-nasal y con un tono de voz lo más grave posible; aumente suavemente hacia el tono agudo. Observe que, al buscar la resonancia de estas letras en la cavidad nasal pronunciando con la boca cerrada el sonido *mmmmmmmm*, al aumentar la intensidad, sentirá una vibración en la cavidad nasal y si además bajamos hacia el pecho el maxilar inferior sin abrir la boca, percibiremos también esta vibración en la cavidad bucal.
- Después de sentir la reverberación de la *m* o *n* en la boca y la nariz, incorpore la letra *a* y diga *mmmmmm–aaaaaa*. Deberá sentir aún la vibración y

si este no fuera el caso, deberá continuar con el ejercicio hasta lograr una resonancia buco–nasal óptima.

- Con la ayuda de un piano, si es posible, realice el mismo ejercicio con una sucesión de las sílabas *ma, me, mi, mo, mu* o *ña, ñe, ñi, ño, ñu*. Es aconsejable, no obstante, realizar estos ejercicios bajo la atención de un foniatra, quien podrá distinguir los matices de resonancia y evitará que se produzca una relajación excesiva del paladar, que dará lugar a un aumento de la nasalidad.

4.3 La respiración

Sabemos que una respiración correcta contribuye a que la voz y la dicción sean mejores. Hemos visto ya cómo se produce la voz y cuáles son los instrumentos que la producen. Pero para que la voz no se «fatigue», para que no se altere y para no quedarse ronco en medio de una disertación o un discurso, es necesario controlar adecuadamente la respiración.

Otro elemento que está relacionado íntimamente con la respiración es la intensidad de la voz. Saber controlarla es sumamente importante, pues no es lo mismo hablar en un recinto cerrado para un público no superior a las mil personas, en un recinto también cerrado para un público de veinte mil personas o en una plaza al aire libre para varias decenas de miles de personas.

Es cierto que los nuevos medios técnicos, como los micrófonos de alta sensibilidad, nos permiten dirigirnos al público sin desgañitarnos. Pero, de todos modos, es necesario dominar el nivel sonoro de las palabras para no correr el riesgo de que no se nos oiga, incluso con la ayuda de micrófonos, o que el receptor tenga que taparse los oídos porque hablamos demasiado alto.

En el problema de la intensidad o nivel sonoro de las palabras, también influyen la distancia entre el receptor y el comunicador, así como los ruidos circundantes.

Cuando un orador se dirige a su público, debe procurar hablar para el «último de la fila». El nivel de sonoridad de las palabras se fijará pensando en los que se encuentran más alejados, de modo que ellos también pueden oír sin fatigas. El orador debe hablar con la suficiente intensidad para que todo el auditorio oiga su mensaje.

Ahora bien, independientemente de los factores antes mencionados, existe la forma de matizar o dar mayor expresividad a las palabras graduando la intensidad y el volumen de la voz. La intensidad no es sólo hablar fuerte, pues esto puede provocar cansancio en el público.

Intensidad significa modular correctamente, saber matizar las palabras, elevar o bajar el volumen de la voz de acuerdo con la importancia que se da a lo que se dice. El orador debe saber pulsar, en el curso de su disertación, el estado de ánimo del auditorio. Un sexto sentido le avisará cuándo languidece, para que, entonces, eleve algo la voz. Para llamar la atención, a veces, conviene bajar el volumen, para elevarlo de nuevo una vez que ha logrado recuperar el interés del público.

4.4 Ideas y sentimientos expresados oralmente

El hombre al pronunciar palabras o sonidos, expresa ideas y sentimientos. Con una interjección como *¡ay!, ¡hola!, ¡mi madre!*, puede querer expresar un estado de ánimo, un saludo, un conflicto, etc. Con un chasquido de los labios, puede querer expresar también que algo se le ha olvidado, que siente desprecio o hastío.

Pero el hombre expresa sentimientos e ideas fundamentalmente con la palabra. Cuanto más rico sea su léxico, mayor será la imagen que surja de sus palabras. Si bien es cierto que el orador debe subordinar las palabras a las ideas que desea transmitir, no es menos cierto que debe saber también utilizar la imagen poética, es decir, expresar lo que piensa y siente con el lenguaje más rico posible.

En la expresión de las ideas y los sentimientos, intervienen otros elementos que un orador no debe ignorar, como saber articular correctamente las palabras; no «comerse» los finales; no terminar nunca las frases hacia arriba, es decir, hacia tonos agudos, sino siempre hacia abajo, hacia los tonos graves; expresarse con claridad; medir la intensidad de la voz; saber enfatizar una idea que se desea transmitir.

4.5 Claridad en las ideas, claridad en las palabras

Ya hemos señalado anteriormente que, cuando las ideas están claras, las palabras también lo están. Cuando un orador o conferenciante domina su tema a fondo, cuando conoce muy bien el terreno donde se mueve, las palabras fluyen de manera que lo que está diciendo es comprendido cabalmente por el receptor.

Pero la claridad en la expresión oral implica también una correcta articulación, es decir, el máximo de transparencia que es posible obtener accionando correctamente el maxilar infe-rior, la lengua y los labios.

Hace años, conocí a un célebre político que, entre otras cosas, alcanzó renombre por sus discursos incisivos y originales. Sin embargo, resultaba muy difícil escucharlo con atención durante varios minutos. Su forma de hablar atropellada, la constante omisión de los finales de palabra y su tendencia al murmullo constituían un verdadero martirio para los oyentes. En resumidas cuentas, la comunicación entre emisor y receptor no se establecía correctamente, y es posible que esto haya sido la causa de que nunca llegara a ocupar el puesto que le correspondía por su talento.

En este caso como en otros muchos, no se puede achacar la deficiencia comunicativa a un estado emotivo o al nerviosismo del orador, puesto que se trataba de un político ducho, que se movía en su campo como el pez en el agua. Lo más probable es que nadie le dijo nunca que cuando estaba en la tribuna no debía precipitar las palabras, sino pronunciarlas todas correctamente, cuidando de no amontonar sonidos que se superponen perjudicando la dicción.

Cada palabra debe ser percibida con nitidez, la articulación debe ser clara; dar una mayor flexibilidad al maxilar, la lengua y los labios, procurar no tensarlos, pronunciar las palabras «masticándolas», esto es, que el movimiento de los instrumentos que hacen posible la articulación sea flexible y preciso.

Para favorecer la claridad, se recomienda este ejercicio: articule cada sílaba siendo consciente de cada movimiento que realiza. Por ejemplo, pronuncie la palabra paladar sintiendo cómo al expresar la primera sílaba *pa* se produce como una explosión; al pronunciar la segunda sílaba, cómo la lengua se apoya en el paladar superior y luego se afloja para permitir la emisión de la vocal, y, por último, al pronunciar *dar*, cómo la lengua se asienta sobre los dientes cuando pronuncia la *d*, se abre la boca para que salga la *a* y la lengua se retrae hacia arriba al pronunciar la última letra, la *r*.

Con anterioridad, explicamos la importancia de una buena articulación y del dominio del nivel sonoro al hablar en público. Pero existen otros aspectos como la velocidad, las pausas, el ritmo y el tono. Cuando la voz no tiene suficiente flexibilidad como para dar toda la sutileza emotiva y significativa a las palabras, surgen entonces las preguntas siguientes:

- ¿Cómo hacer para que las ideas esenciales se destaquen de las otras?
- ¿Se puede cambiar la voz para que el auditorio perciba cabalmente las ideas y los sentimientos expresados?

Es posible dar respuesta a estas preguntas si se conoce la importancia de la velocidad, la pausa, el ritmo y la entonación en la nitidez y vivacidad del discurso.

Cuando se habla, hay que procurar moderar siempre la velocidad. De lo contrario, puede ocurrir que el auditorio no entienda bien lo que le están diciendo y termine por «pasar» del disertante, para su propia desgracia. Tampoco se debe hablar con demasiada lentitud. Esto también aburre. Por eso, hablar con mayor o menor rapidez dependerá del tema que se está tocando o ante quien se habla.

Deberá hablarse más pausadamente cuando el tema a tratar exija una mayor concentración por parte del público, ya sea por la seriedad del asunto tratado o porque los receptores no están muy al corriente del tema. Si el carácter del discurso es superficial, entonces el orador podrá tratar el tema hablando con mayor rapidez.

El habla veloz puede perjudicar la dicción y, con el tiempo, se acentuarán los defectos del orador. Pero si se habla con demasiada lentitud, también se puede ver afectada la claridad. El orador necesita alcanzar un equilibrio, hablar pausadamente, controlando en todo momento el instinto de hablar velozmente. Es como cuando se maneja un automóvil. El buen conductor sabe cuándo debe circular lentamente y cuándo puede hacerlo a mayor velocidad, incluso para su propia seguridad.

El orador puede dominar el impulso de hablar velozmente si hace un mejor uso de los músculos de la boca, procurando que las palabras no desaparezcan en mitad o al final de una frase.

Hay oradores que hablan velozmente y no dominan la intensidad de su voz, de manera que la mitad de las frases se pierden en el vacío. Por eso, cuando ha logrado una vocalización correcta y el silabear no presenta problemas, el orador deberá saber adecuar la velocidad al tema, al auditorio y a las ideas que desea comunicar.

De igual modo, existe otro elemento esencial para emitir con claridad nuestros pensamientos y sentimientos. Se trata de la pausa, que es un período de descanso destinado a renovar el aire y a destacar nuestras ideas.

La pausa permite separar las palabras en grupos o párrafos que encierran en conjunto un significado. Al terminar de expresar una idea, es decir, cuando notamos que el público ha captado lo que hemos dicho, la pausa en ese momento hace que se mantenga viva la atención.

La pausa permite hacer un uso adecuado de la inflexión, del ritmo y del tono de la voz. Hablar sin pausas implica monotonía. Así como el escritor debe dominar la puntuación, el orador debe dominar las pausas.

Pero no todas las pausas tienen el mismo origen ni la misma intención. Para facilitar su explicación, las hemos agrupado de la forma siguiente:

- Pausas psicológicas. Se producen cuando el emisor busca la reflexión del receptor en torno a las ideas transmitidas.
- Pausas lógicas. Se utilizan al concluir una idea central o cuando se van a tocar aspectos nuevos.

- Pausas emotivas. Se recurre a ellas cuando el orador apela a los sentimientos del receptor.
- Pausas respiratorias. Se producen naturalmente cuando el orador se queda sin aire y debe volver a cargar sus pulmones.

En cuanto a esta última clase de pausa, cuando explicamos la importancia de la respiración, señalamos que no es aconsejable hablar hasta quedar exhausto, sin aire. El público puede notar un jadeo desagradable y, además, tampoco resulta beneficioso para las cuerdas vocales. El orador debe saber dosificar su respiración de modo que, cuando comience a hablar de nuevo, aún tenga aire en sus pulmones.

Procure respirar suavemente mientras habla. De ahí el consejo de las frases cortas. Respire entre frase y frase con suavidad, sin que el público lo note. La pausa prolongada sólo debe usarse cuando se ha expuesto una reflexión al público y se desea que éste asimile dicha reflexión. Para ello, es necesario el silencio. Esta pausa es peligrosa si no se sabe usar, pues no se trata de colocar esta pausa en cualquier momento, sino sólo cuando se ha hecho una pregunta incisiva al público o cuando el conferenciante ha hecho una reflexión importante que demanda la atención del público.

El ritmo es la cadencia entre acentos y pausas. El orador evitará la monotonía si domina el ritmo de su discurso. Ya hemos dicho que hablar de prisa y con pocas pausas puede provocar el desinterés del auditorio. Existe una estrecha rela-ción entre la velocidad y el ritmo.

En un discurso o conferencia, el ritmo se acelera especialmente al final de párrafo y antes de una pausa. El orador debe saber controlar el ritmo de su alocución, debe saber cuándo acelerar y cuándo ralentizar el ritmo.

Por ejemplo, si desea destacar especialmente un aspecto determinado del discurso, un elemento central del mismo, procurará que el auditorio preste el máximo de atención a sus palabras y, para ello, ralentizará el ritmo. El contraste en la cadencia, la voz y la expresividad dará mayor consistencia a nuestra disertación y contribuirá a mejorar la atención de los asistentes.

Existe otro elemento de la oratoria que se ha de tener en cuenta. Cuando se dirige a un auditorio, el orador debe saber que no sólo emite palabras, sino que también la entonación con que éstas se expresan desempeña un papel de primer orden en la exposición.

El volumen y la intensidad de la voz han de variarse con ligeros matices. Procuraremos hablar con un tono de voz normal, bien audible y una dicción correcta. Cada persona tiene su propio tono, que es el que normalmente emplea para dirigirse a otras personas.

De igual modo, hay quien habla siempre con el mismo tono, con una monotonía apabullante. Dice «te deseo un buen viaje» con el mismo tono con que dice «me voy a comer» o «te odio con todas mis fuerzas». Y en los tres ejemplos vemos que se trata de frases absolutamente diferentes. Pero... las pronuncia igual. La monotonía, tanto en el teatro como en una conferencia o un discurso, es el peor enemigo de la atención.

La entonación puede ser ascendente cuando insinúa interrogación, reflexión, duda o indecisión. Será ascendente cuando sugiere firmeza, decisión, confianza. La inflexión del tono de voz de carácter mixto, es decir, que asciende o desciende alternativamente, puede insinuar un conflicto o una contradicción entre los significados. El orador las emplea con suma frecuencia para expresar ironía o sarcasmo, así como para hacer sugerencias.

4.6 El énfasis en la oratoria

Es vital para la expresión de las ideas saber acentuar, realzar, dar mayor fuerza o expresión a las palabras, en suma, enfatizar aquellos aspectos del discurso que el orador desea que permanezcan anclados en la memoria del receptor. Con el énfasis, reclamamos la atención del auditorio.

Enfatizar no es otra cosa que subrayar algo importante en el discurso, algo medular que no queremos que pase desapercibido. El orador que tiene su texto escrito podrá enfatizar con mayor facilidad un aspecto dado que otro orador que habla sólo con unas notas o con la ayuda de su memoria. Pero, en ambos casos, el orador debe saber a priori valorar las ideas fundamentales, el núcleo central de su discurso, porque, de lo contrario, no sabrá en qué deberá poner el énfasis, qué realzar o destacar en su discurso, dificultando la penetración de sus ideas en las mentes de los receptores.

No obstante, existe un vicio en el uso del énfasis en el que no debemos caer: la exageración. Ella nos puede llevar a la ampulosidad, a la grandilocuencia y al abuso en la práctica del énfasis. Si la ampulosidad predomina en las ideas que queremos transmitir, es decir, si hemos acentuado demasiado la importancia o el valor de lo expuesto, el receptor dudará de nuestra capacidad para emitir juicios verdaderos.

Por otra parte, si abusamos del énfasis, habremos desaprovechado su efecto, pues el auditorio no sabrá, en suma, qué es lo importante y qué lo anecdótico. Ninguna idea destacará, entonces, de las demás. Por eso, para darles el énfasis que realmente se merecen, es importante destacar en el discurso las ideas más relevantes del tema.

Ejercicios

Realice los siguientes ejercicios prácticos para mejorar su expresión fonética. Si es posible, grabe las sesiones con regularidad para poder controlar cada cierto tiempo su nivel de perfeccionamiento.

1. Expulse el aire acumulado en sus pulmones colocando una mano sobre su abdomen. Oprímalo ligeramente para lanzar bocanadas cortas de aire, observará así que la caja torácica se contrae con cada expulsión del aire. Ayúdese para ello con la sílaba *hep* o *ba–be–bi–bo–bu* de forma sincopada y con energía.

2. Luego vuelva a llenar sus pulmones y deje salir el aire lo más lentamente posible hasta que queden vacíos. Esto ocurre cuando note que le falta el aire.

3. Controle reloj en mano cuánto tiempo puede mantener la expulsión del aire ininterrumpidamente para que el volumen de aire aspirado por los pulmones le permita producir el sonido *mmm* con la boca cerrada y luego las vocales *a, o e, i, o, u.* Por

ejemplo, ma. Comience pronunciando la *mmm*, luego abra la boca suavemente y deje salir el sonido *o* y, a continuación, las demás vocales, evitando el jadeo al respirar. Trate de que la articulación de las letras sea diáfana.

4. Repita el ejercicio, pero ahora delante de una vela encendida. A igual emisión de aire, la llama deberá inclinarse en un mismo sentido mientras realiza el ejercicio.

5. Vuelva a aspirar; al expulsar de nuevo el aire, hágalo alternando los sonidos por impulsos del ejercicio 1, con la expiración suave y lenta que se indica en el ejercicio 2. Practique una y otra vez hasta que pueda pasar de uno a otro fácilmente, ya sea con respiración silenciosa como vocalizando.

6. Relaje la cabeza y las maxilares lo más posible. Con los ojos cerrados, eche hacia atrás la cabeza y bostece largamente, abriendo bien la boca.

7. Aspire y expire varias veces intensamente con la boca abierta y diga *aaa*... en voz queda.

8. Mientras mueve la cabeza hacia adelante, diga de forma muy lenta *mmmm–aaaa...;* repítalo varias veces, despacio y llevando desde atrás la cabeza hasta que toque ligeramente el pecho con la barbilla. Procure no tensar las cuerdas vocales ni los músculos de la garganta mientras realiza el ejercicio.

9. Coloque la punta de la lengua en el borde superior de los labios y hágala girar 360º. Esto le ayudará a flexibilizar los músculos de la lengua.

10. Colóquese ante un espejo y articule las palabras de modo que pueda observar las diferentes posiciones que adopta la

boca según las vocales y consonantes. Algunas personas pronuncian tan mal que apenas mueven la boca cuando hablan.

11. Colóquese ante un espejo y pronuncie las vocales *a, e, i, o, u.* Verá que la *a* se produce al abrir la boca mientras desciende el maxilar inferior. La *e* es extendiendo horizontalmente la comisura de los labios. Para la *i*, se extiende aún más horizontalmente la comisura de los labios. La *o* se emite poniendo la boca en forma de bocina, cerrando un poco las comisuras, levantando hacia arriba el labio superior y bajando el inferior. La *u* se genera cerrando aún más la boca, con el labio superior hacia arriba y el inferior hacia abajo.

12. Repita una y otra vez el ejercicio anterior, pero exagerando los movimientos y agregándole consonantes. Por ejemplo, pronuncie las palabras siguientes:

pa-je-ci-llo	*lu.e-go*	*ma-ter-no*
Lo-úr-des	*mi-ran-do*	*vis-ta*
a-ca-lo-ra-do	*pun-ta-pié*	*pa-la-de-o*
pu-ni-ti-vo	*cal-ce-tín*	*a-rru-llo*

13. Pronuncie las palabras que se indican a continuación en voz queda; suavemente, vaya incrementando el volumen de su voz. Procure que la pronunciación sea muy sonora. Cubra la nariz y los pómulos con los dedos de una mano, para sentir la vibración de la caja de resonancia.

tejido	*tinta*	*raro*
inferior	*lucio*	*jamba*
anaís	*reja*	*metido*
aguja	*montijo*	*yodo*
jazmín	*secesión*	*anhelar*

14. Por último, procure leer estos fragmentos en voz alta y con la mejor dicción posible, buscando que las palabras resuenen claramente. Si siente que se le tensa la garganta, que comienza a carraspear o se pone ronco, vuelva a acometer el ejercicio de forma queda y suave, sin forzar la garganta.

Culpa mía no fue; delirio insano
me enajenó la mente acalorada.
Necesitaba víctimas mi mano
que inmolar a mi fe desesperada,
y al verlos en mitad de mi camino,
presa les hice allí de mi locura.
No fui yo, ¡vive Dios!, ¡Fue su destino!,
Sabían mi destreza y mi ventura.

¡Oh! Arrebatado el corazón me siento
por vértigo infernal...Mi alma perdida
va cruzando el desierto de la vida,
cual hoja seca que arrebata el viento.

José Zorilla, *Don Juan*

❄❄❄

¿Cómo era, Dios mío, cómo era?
¡Oh!, corazón falaz, mente indecisa!.
¿Era como el pasaje de la brisa?
¿Como la huida de la primavera?

Tan leve, tan voluble, tan ligera
cual estival vilano...¡Sí! Imprecisa
como sonrisa que se pierde en risa...
¡Vana en el aire, igual que una bandera!

¡Bandera, sonreír, vilano, alada
primavera de junio, brisa pura!...
¡Qué loco fue tu carnaval, qué triste!

Todo tu cambiar trocóse en nada
¡memoria, ciega abeja de amargura!.
¡No sé como eras, yo que sé que fuiste!

Juan Ramón Jiménez,
Retorno fugaz

❄❄❄

¡Que no quiero verla!
Dile a la luna que venga,
que no quiero ver la sangre
de Ignacio sobre la arena.
¡Que no quiero verla!
La luna de par en par.
Caballo de nubes quietas,
y la plaza gris del sueño
con sauces en las barreras.
¡Que no quiero verla!
Que mi recuerdo se quema
¡Avisad a los jazmines
con su blancura pequeña!

Federico García Lorca,
La sangre derramada

5 EL CUERPO, UN INSTRUMENTO AL SERVICIO DE LA ORATORIA

5.1 El cuerpo como medio de comunicación

Cuando hablamos, no sólo es importante lo que decimos, sino cómo lo decimos. La forma es tan importante como el contenido. Si no contamos con un contenido sólido nada podremos comunicar al receptor. Pero sin una pronunciación correcta, sin el gesto adecuado, puede pasar que la comunicación no salga con la vivacidad y la fuerza deseadas.

Cuando hablamos con otras personas lo hacemos con palabras, pero también lo hacemos con gestos del cuerpo, de las manos, de la boca. «Un gesto vale más que mil palabras», reza el refrán, y es cierto. El cuerpo con sus movimientos, o sin ellos, es partícipe de la comunicación oral.

El orador, al dirigirse al auditorio, no debe descuidar su aspecto físico ni su actividad corporal. Las personas que asisten a una conferencia o a un acto político dan igual valor que a la palabra al significado de la expresión facial de la persona hablante, a cómo se sitúa o desplaza, a los gestos que realiza con su cabeza, sus hombros, sus brazos o sus manos.

5.2 La postura

Cuando tenemos que hablar ante el público, la postura que adoptamos con nuestro cuerpo es muy importante. ¿Qué posición debo adoptar al dirigirme al público? Esta simple pregunta se la hacen a sus asesores de imagen muchos políticos y ejecutivos. No existe ninguna regla de oro sobre el comportamiento físico ante el público, pero sí podemos desterrar algunos vicios en el lenguaje corporal.

Hablar detrás de una mesa o de un pupitre como amparándose detrás de una barricada, no deja una buena impresión del orador. Jugar con los micrófonos durante un tiempo prolongado, por ejemplo, más de 20 segundos. puede darle a entender al público que el orador ha perdido el hilo de su discurso y lo está buscando desesperadamente. Al jugueteo con los micrófonos suele agregarse una expresión taciturna, como si se hiciera un esfuerzo enorme para concentrarse.

Hay políticos que, al hablar, lo primero que hacen es agarrarse a los lados del pupitre, como si temieran caerse. Esto no es bueno. El orador debe hablar con soltura, debe saber manejar, no sólo sus palabras, sino su cuerpo. Debe moverse unos pasos para enfatizar ciertas palabras o, incluso, retirarse a un lado de la mesa o pupitre.

Hay que evitar que el balanceo sobre los pies, hacia adelante y hacia atrás, o apoyar el cuerpo ora sobre el pie derecho ora sobre el izquierdo, produciendo un bamboleo desagradable, den la impresión de que la persona se encuentra sobre la cubierta de un buque o los zapatos le aprietan terriblemente.

Algunos oradores juegan con el botón de su chaqueta, se frotan las manos como si hiciera frío, tocan una y otra vez las cosas que puede haber en la mesa, por ejemplo, el vaso de agua o el micrófono. Se quitan una vez sí y otra también las gafas, enlazan y desenlazan sus manos o brazos, meten sus manos en los bolsillos, etc. Estos oradores no dominan bien un instrumento clave: su cuerpo.

Como consejo práctico, evite todas estas cosas. Si habla sentado, hágalo con naturalidad. Adopte una posición que le resulte cómoda, sin caer en la postura vulgar. Si lo hace de pie, ante un pupitre o un atril, manténgase erguido y relajado, evitando toda rigidez, pues parecerá que está a la expectativa, alerta a algo que pudiera disgustarle.

Sienta que domina la situación y que no teme a las preguntas, por muy insidiosas o comprometidas que estas sean. Nunca haga un gesto de rechazo con el cuerpo o con las manos. Si se niega por cualquier razón a responder una pregunta, nunca lo haga con un gesto de la mano o del cuerpo, como quien escurre el bulto. Hágalo firme y educadamente con palabras. No olvide que el gesto es traidor.

En una oportunidad, los gestos de las manos y del cuerpo de un connotado político francés, fueran captados por un hábil cámara que puso al orador en contradicción entre lo que decía y lo que hacía con sus manos. Lo filmó diciendo una mentira, pues mientras decía lo que tenía escrito, cruzaba los dedos índice y mayor de las dos manos.

Por lo general, se habla sentado. Puede ser en el marco de una mesa redonda, una entrevista, un examen oral, una reunión de trabajo o una conferencia de prensa. Esta posición no permite mucha movilidad.

No obstante, sus efectos pueden atenuarse siguiendo estas reglas generales:

- Mantenga su cuerpo derecho, sin rigideces.
- Deje un espacio de unos 20 centímetros entre la mesa y su abdomen, así como entre su espalda y el respaldo de la silla.
- Utilice estos espacios para adelantar su cuerpo ante una pregunta o para enfatizar algo. Haga retroceder el cuerpo sugiriendo una posición expectante o interés por abarcar todo el auditorio, mirando de forma panorámica.
- Evite todos los tics que puedan distraer o producir hilaridad en el receptor, así como cruzar y descruzar las piernas constantemente.

Si habla de pie, debe tener en cuenta estas simples, pero precisas normas:

- Acérquese a la tribuna o al estrado de forma natural, con un andar relajado, como si esto fuera algo cotidiano para usted, aunque sea la primera vez.
- Mire de frente al auditorio o al presentador, con sencillez. Nunca mire hacia abajo, dando la impresión de modestia, pues esta puede parecer falsa.
- Al situarse tras el estrado o el atril, no empiece a hablar de inmediato. Espere a que el público se acomode y usted sienta con su silencio que esperan ya sus palabras. Domine la situación. Que esta no lo domine a usted. Tómese el tiempo necesario, medio minuto aproximadamente, para organizar sus ideas y mire sin temor al auditorio. Existe lo que se llama «miedo escénico», pero un buen orador lo tiene antes de enfrentarse al público. Una vez frente a él, este «miedo» desaparece.
- Mantenga su cuerpo bien erecto, evite la rigidez. Separe los pies unos 30 centímetros, descansando el cuerpo sobre uno de ellos, con la flexibilidad suficiente como para cambiar al otro pie en el momento oportuno. Esta posición le permitirá en un momento dado desplazarse a uno u otro lado, así como avanzar o retroceder un paso.
- Cuando desee remarcar algo importante —si habla desde una tribuna o un escenario—, conviene avanzar uno o dos pasos, inclinar ligeramente el torso superior hacia el público, para decir lo que quería destacar.
- Si desea sugerir una reflexión sobre el tema de su discurso, es conveniente hacer una ligera pausa y mirar al suelo. Esto parecerá que la reflexión no sólo la hace usted, sino que sugiere al receptor hacerla también.

- Una vez terminado el discurso o la conferencia, salga con paso firme pero sin apresuramiento, después de una pausa final lo suficientemente prolongada como para que el auditorio haya reflexionado sobre sus últimas frases. Estas deberán ser, en lo posible, las que definan el discurso. No olvide que, generalmente, lo último que se dice es lo que queda. Por eso, debe ser importante.
- Si es el caso, salude con naturalidad al presentador, a las personas que deseen felicitarlo por su disertación y, luego, haga mutis discreta pero firmemente.

5.3 El gesto

A veces, el gesto puede suplir las palabras, si bien son, por lo general, su complemento. Cuando hablamos de gestos, nos referimos a aquellos que se hacen «intencionadamente» con la cabeza, los hombros, los brazos o las manos para recalcar o afirmar lo que decimos con palabras.

El gesto no puede ser determinado a priori por el orador. Ha de ser espontáneo, debe surgir al calor del discurso. No está sujeto a normas, ni tampoco se lo puede objetivar. El gesto eficaz nace de la espontaneidad. Está provocado por un estado de ánimo, ya sea de ansiedad, emoción o entusiasmo.

Es posible practicar los gestos en privado ante un espejo y se hará tantas veces como sea necesario hasta que parezcan naturales. Pero, en este caso, se corre el riesgo de caer en la afectación. Para un actor de teatro, la práctica del gesto —sea de la boca, la cabeza, los hombros, las manos o los brazos— es necesaria. Pero, no resulta recomendable para un orador.

Si decimos que el gesto ha de ser espontáneo, es porque surge de la interrelación entre pensamiento y sentimiento. El gesto nace de un impulso interior y, por eso, no se puede programar. Con él se desea reforzar las ideas que se pretenden comunicar. Pero nunca hay que olvidar que el gesto es un complemento de la palabra, y no al revés.

Quien habla desea comunicar algo, y el gesto puede ayudarle a reafirmar o hacer comprender mejor las ideas sustentadas. ¿Cómo puede un orador establecer antes del discurso el punto donde va a levantar el dedo índice para señalar algo, donde crispará sus manos como señal de ira o donde levantará sus hombros en actitud de desconocimiento? Esto no es posible ni recomendable. El gesto ha de surgir espontáneamente del interés que ponga el orador en hacer que el público comprenda y haga suyas sus ideas. Deben nacer de impulsos emotivos, interiores.

Existen gestos para indicar o señalar algo, de dar o recibir, de rechazo, de crispación de las manos, de precaución, de dificultad, de duda, de división, etc., pero siempre estarán precedidos de la espontaneidad.

5.4 El movimiento

Cuando el orador observe cierto aletargamiento de su auditorio, puede hacerlo reaccionar cambiando de posición, alejándose unos pasos del atril o de la tribuna o acercándose. No olvide que el ojo sigue instintivamente a un objeto y centra su atención en él. Este movimiento ha de ser espontáneo, natural y debe contribuir a mantener la atención del receptor.

Al igual que en el caso del gesto, el movimiento tampoco es programable. La mejor forma de hacerlo bien es dejándose guiar instintivamente por el impulso natural de hacerlo cuando su cuerpo se lo exija, ya sea porque el pie sobre el cual descansaba su cuerpo se ha cansado o porque simplemente desea moverse unos pasos.

Por supuesto que no puede convertir la conferencia en un paseo en derredor del atril ni puede pasearse por la tribuna. Esto puede distraer la atención del público. Dirán: ¿Y a éste qué le pasa que se mueve tanto?. Pero tampoco es bueno quedarse fijo en un lugar como si estuviera pegado a él.

Cuando quiera comunicar a los presentes una idea realmente importante, sentirá espontáneamente la necesidad de moverse. Entonces, el movimiento será natural. Podrá dar a entender al auditorio que ha terminado de exponer un pensamiento y que va a exponer otro avanzando unos pasos hacia el público para reforzar las ideas que quiere transmitirle ahora.

Es también importante la forma en que sube y baja del estrado. No debe hacerlo con paso vacilante, sino con paso activo, enérgico. Debe reflejar confianza en sí mismo.

5.5 Gestos adecuados

Los gestos adecuados son aquellos que reúnen los requisitos que tiene que satisfacer el gesto: relajación, energía y precisión y oportunidad.

En el primer aspecto, la tensión excesiva de los músculos del cuerpo o de la cara, producida por el nerviosismo, impide actuar con naturalidad. Los gestos serán torpes. Como a trom-picones. Si siente que está tenso, muévase unos pasos a derecha o izquierda, hacia adelante o hacia atrás, ordene sus papeles y, para evitar la rigidez de sus hombros y cabeza, procure relajarlos antes de comenzar a hablar.

¿Cómo hacerlo? Simplemente parándose con naturalidad, esperando tranquilamente que el auditorio se serene, dando una última revisión a sus notas, adoptando una posición cómoda al hablar.

El gesto enérgico y preciso refleja convicción. Si va a levantar el puño, hágalo de forma enérgica, precisando lo que está diciendo. Es preferible no hacer movimiento alguno a hacerlo de forma desmayada o a realizar un movimiento innecesario o titubeante. Existen gestos grotescos, como tamborilear con los dedos para denotar impaciencia, gestos repetitivos con la mano, hacia arriba y hacia abajo, que no indican nada. El gesto enérgico y preciso debe acompañar a una idea de igual calibre. Si decimos «el problema hay que atacarlo de raíz», estamos diciendo algo relevante y, por tanto, el gesto deberá tener el mismo valor. De lo contrario, es preferible no hacerlo.

La oportunidad del gesto es esencial, pues hacer el gesto después de acabar de decir la palabra o frase que se desea remarcar puede mover a risa. Cualquier movimiento, como levantar el puño, mover el dedo, hacer girar la muñeca, mover los hombros o extender los brazos. debe coincidir con la idea que deseamos transmitir o, incluso, puede precederla por unas décimas de segundo.

5.6 ¡Cuidado con los gestos inadecuados!

Hay personas que, al enfrentarse a un público, no saben qué hacer con sus manos, con su cabeza o con su cuerpo. Por eso, al emplear las manos, los brazos, la cabeza o el cuerpo, debemos tener en cuenta las normas siguientes:

- No dé lugar a que se noten sus nervios moviendo anárquicamente sus notas, tocando los micrófonos una y otra vez, moviendo el atril, sujetándose a la mesa sin discreción, más bien aferrándose a ella.
- Deje sus manos quietas, si lo que está exponiendo en ese momento no le exige ningún movimiento. Mover las manos o los brazos sin ton ni son puede tener efectos desastrosos para el conferenciante.
- Nunca ponga las manos en los bolsillos al hablar. Es desagradable y revela que no sabe donde ponerlas. En algunos países, está visto como una descortesía.
- No señale con el índice algo que no merece la atención. O mejor, no señale jamás con el índice. Hay quienes manejan el dedo índice como si fuera un revólver. Están siempre agitándolo sin razón alguna.
- Cuando mueva la cabeza, hágalo con propiedad, rehusando o aceptando algo. Hay oradores que mueven

constantemente la cabeza y esto no es bueno. Distrae al público.

Existen otros gestos indeseables con los que hay que tener mucha precaución. Entre ellos, están los siguientes:

- Rascarse la cabeza en señal de duda o de desacuerdo. Evite hacerlo, pues para algunas personas es señal de falta de aseo.
- Tocarse la punta de la nariz una y otra vez, sin necesidad aparente.
- Pasarse la mano por la cabeza, alisando su pelo, en señal de reflexión.
- Rascarse cualquier parte del cuerpo.
- Balancear el cuerpo hacia adelante y hacia atrás.
- Atusarse el bigote o la barba, como denotando reflexión.

Todos estos gestos, además de distraer, son de mal gusto. Luche contra estos tics, y tendrá de su lado a muchos oyentes.

Ejercicios

1. Haga una relación de todos los vicios que el orador debe evitar en relación con el movimiento corporal.

2. Haga una relación de todas las normas relativas al movimiento corporal que el orador debe cumplir.

3. Aplique los conocimientos adquiridos en este capítulo mientras cuenta las anécdotas siguientes.

3.1. Un hombre compareció ante el magistrado, que le preguntó:

— ¿Robó usted esas mercancías?

— Sí.

— ¿Se las llevó a casa?.

— Sí.

— ¿Vendió las mercancías?.

— Sí.

— ¿Desea decirme alguna otra cosa?.

— Sí. Quiero un abogado.

— ¿Y para qué necesita usted un abogado si ya ha reconocido su culpabilidad?

— Bueno, siento curiosidad por ver lo que inventa para defenderme.

❄❄❄

3.2. Un anciano se estaba muriendo. Sus hijos y nietos se hallaban reunidos alrededor de su cama, esperando pacientemente. Cada pocos minutos, el agonizante señalaba el suelo con dos dedos de su mano derecha; al cabo de un rato, el hijo mayor sugirió:

— Está intentando decirnos dónde ha guardado el dinero...

Todos comenzaron a levantar los tablones del suelo, primero de aquella habitación y después de toda la casa, pero no lograron encontrar nada.

Al atardecer, el padre mejoró y comenzó a hablar. Los hijos le preguntaron:

—Padre, ¿por qué apuntabas con dos dedos hacia el suelo?

—Ah, eso —contestó el anciano—, es que estaba demasiado cansado para apuntar hacia arriba.

4. Ante un espejo, lea este discurso del cubano José Martí. Recuerde todas las normas que ha aprendido y compruebe su cumplimiento.

Por eso vivimos aquí, orgullosos de nuestra América, para servirla y honrarla. No vivimos, no, como siervos futuros ni como aldeanos deslumbrados, sino con la determinación y capacidad de contribuir a que se la estime por sus méritos y se la respete por sus sacrificios; porque las mismas guerras que de pura ignorancia le echan en cara quienes no la conocen, son el timbre de honor de nuestros pueblos, que no han vacilado en acelerar con el abono de su sangre el camino del progreso, y pueden ostentar en la frente sus guerras como una corona. En vano, faltos de roce y estímulo diario de nuestras luchas y de nuestras pasiones, que nos llegan ¡a mucha distancia! del suelo donde no crecen nuestros hijos, nos convida este país con su magnificencia, y la vida con sus tentaciones, y con sus cobardías el corazón, a la tibieza y al olvido. ¡Donde no se olvida y donde no hay muerte llevamos a nuestra América, como luz y como hostia; y ni el interés corruptor, ni ciertas modas nuevas de fanatismo, podrán arrancársela de allí! Enseñemos el alma como es a estos mensajeros ilustres que han venido de nuestros pueblos, para que vean que la tenemos honrada y leal, y que la admiración justa y el estudio útil y sincero de lo ajeno, el estudio sin cristales de présbita ni de miope, no nos debilita el amor ardiente, salvador y santo de lo propio; ni por el bien de nuestra persona, si en la conciencia sin paz hay bien, hemos de ser traidores a lo que nos mandan hacer la naturaleza y la humanidad. Y así, cuando cada uno de ellos vuelva a las playas que acaso nunca volvamos a ver, podrá decir, contento de nuestro decoro, a la que es nuestra dueña, nuestra esperanza y nuestra guía: ¡Madre América, allí encontramos hermanos! ¡Madre América, allí tienes hijos!

José Martí, *Madre América*

5. Repita el ejercicio anterior pero, esta vez, improvise un discurso sobre un tema que domine.

6 RECEPCIÓN Y COMUNICACIÓN

6.1 El receptor, protagonista del mensaje

El receptor es el verdadero protagonista del mensaje, pues sin él no existe comunicación. Es como en el teatro: sin público no existe obra. Por supuesto que los actores pueden actuar sin público, al igual que el orador puede hablar sin auditorio, pero entonces nadie oirá su mensaje, nadie conocerá sus ideas y, por lo tanto, esas ideas no tendrán destinatario. Es como el escritor, que se conoce cuando imprime sus libros y estos se dan a conocer.

Nadie duda del protagonismo del orador, como nadie duda del protagonismo del artista o del escritor en la comunicación. Pero, así como el autor, el orador se debe a su público. El orador debe tener presente siempre su deseo de transmitir ideas o experiencias al receptor, la necesidad de que éste le comprenda mediante el intercambio de ideas y sentimientos. Quien habla debe realizar un esfuerzo para que sus ideas penetren en la mente del verdadero protagonista de la reunión: el oyente.

6.2 Discurso y auditorio

Cuando se dirige a un auditorio, el orador debe saber de antemano a quién se dirige. Su discurso debe adaptarse al auditorio, y no al revés. El orador también debe saber con antelación qué es lo que esperan de él. Debe conocer la composición social, el nivel cultural, la actitud del auditorio.

¿Cómo es el auditorio al que nos dirigimos, cuál es su composición social? Al estudiar la composición social del auditorio, deberán tomarse en cuenta estos factores:

- Su número. Podrá ser de composición homogénea o heterogénea.
- Su edad. Este es un indicador muy importante para establecer los intereses de los receptores. No es lo mismo dirigirse a un público de la tercera edad que a un público de adolescentes. Si el orador hace alguna referencia histórica y dice «durante la Batalla del Ebro», el espectador de la tercera edad sabrá a qué se refiere. Si menciona este hecho histórico ante un público adolescente, se verá en la necesidad de hacer una breve exégesis, para que los jóvenes puedan situarse en la época y en el hecho histórico señalado.
- El sexo. El tema que se abordará ante un auditorio totalmente masculino o totalmente femenino ha de adaptarse a este hecho. Si el público es de carácter mixto, aunque las reacciones puedan ser diferentes, en muchos aspectos coincidirán los intereses de hombres y mujeres.

- Intereses profesionales. El carácter del discurso se adecuará en el tono y el lenguaje a estas circunstancias. Por ejemplo, si se habla a un auditorio formado fundamentalmente por abogados, lo más probable es que se interesen más por las reformas jurídicas que impulsó Carlos III que por su labor de urbanismo.
- Nivel educacional y cultural. Otro factor esencial que debe tenerse muy en cuenta al preparar el discurso, porque la altura y el tono serán decisivos para la comprensión o el mantenimiento del interés por parte del público. Si un médico tiene que ofrecer una charla de divulgación científica para un público neófito, seguramente lo hará en una forma completamente distinta que cuando se dirige en una conferencia a sus pares. En un caso habrá que prescindir de tecnicismos; en el otro, son de rigor. Por ejemplo, si el orador utiliza el término citoplasma, el auditorio profesional comprenderá de inmediato de qué se trata. Pero ante el público neófito, deberá proceder a explicarlo. En este último caso, no se deberá abusar de los tecnicismos y, en cambio, se empleará un lenguaje liso y llano.
- Pertenencia a asociaciones profesionales, organismos políticos o instituciones religiosas. Cuando un orador vaya a dirigirse a una institución de estas características, deberá tener en cuenta sus creencias, normas o principios. De esta manera, evitará ofensas o situaciones embarazosas.

6.3 Cómo influir en el auditorio

En la preparación del discurso, desempeña un papel fundamental cierta información previa sobre el auditorio. Entre otras cosas, el orador debe conocer la disposición del auditorio a participar en el tema que es objeto de debate. Saber cuáles son los intereses del receptor es la mejor receta para evitar una comunicación unilateral, especialmente en las conferencias. Cuando el orador conoce las creencias y formas de pensar del auditorio, puede exponer sus ideas sobre el tema de modo más convincente y, por ende, esperar una mejor receptividad.

También conviene saber el grado de conocimiento que tiene el auditorio en relación con el tema que se va a exponer. Si el orador conoce con antelación este dato, entonces podrá determinar su capacidad para evaluarlo, así como fijar la «altura» de su discurso.

El concepto que tenga el auditorio respecto al orador es un factor influyente en la aceptación o el rechazo del discurso. El orador no sólo influye en el auditorio por su alto nivel intelectual, sino también por su honradez y su solvencia moral.

La participación influye también en la actitud general del auditorio. Si el orador conoce antes de su disertación que los presente pueden hacerle preguntas e, incluso, polemizar con él sobre el tema a debate, procurará que su preparación y la organización de sus ideas sean más sólidas.

Por último, es bueno que el orador conozca el lugar donde deberá dirigir la palabra al auditorio. Es importante saber si se trata de un lugar abierto o cerrado, conocer su capacidad y su nivel acústico, ver si se trata de un lugar lujoso o humilde, pues también de acuerdo con ello tendrá que adecuar su discurso.

6.4 Tema y discurso apropiados

El hecho de que la comunicación ante un auditorio determinado haya sido todo un éxito, no significa que siempre estará garantizado en cualquier parte o circunstancia. Cada auditorio exige un tema y un discurso específico. El momento y el ambiente en que el orador tiene que pronunciar su discurso también revisten importancia.

No es tarea fácil estar, de entrada, en sintonía con el público. A riesgo de no ser escuchado, el orador debe evitar el camino fácil de decir las cosas como a él le gustaría decirlas. Deberá tratar siempre de dirigirse al público de modo que éste comprenda y acepte su mensaje. La admiración que el auditorio pueda sentir por el disertante será aún mayor si el mensaje es comprendido por todos.

Ejercicios

1. ¿Quién es el verdadero protagonista del mensaje?

2. ¿Qué factores debe considerar el orador mientras prepara su discurso?

3. Según su opinión, ¿por qué se afirma que la honradez y la solvencia moral del orador pueden influir en el auditorio?

4. ¿Por qué el orador debe adaptarse al público?

5. ¿Cree usted que el lugar y el ambiente son determinantes para el discurso? Explique su respuesta.

6. Valore los datos que se ofrecen sobre varias clases de auditorio y determine qué cualidades tendría que tener el discurso que les ofreciera.

6.1 Veinte personas de 30 a 50 años. Composición mixta. Nivel cultural alto. Interesados por la literatura. Pertenecen a una asociación cultural.

6.2 Mil personas de 15 a 30 años. Composición mixta. Nivel cultural bajo y medio. Sin intereses específicos. No pertenecen a ninguna asociación.

6.3 Quinientas personas de 20 a 60 años. Composición femenina. Nivel cultural medio y alto. Interés por los asuntos de la mujer. Pertenecen a una asociación de empresarias

7 EL DISCURSO GENERAL

Ya hemos dicho que en toda comunicación el propósito final es obtener una respuesta. El orador, a través del discurso, la conferencia u otras formas de comunicación oral persigue un objetivo: influir sobre el pensamiento o las actitudes del receptor, aunque sabiendo al mismo tiempo que también puede verse influenciada su propia forma de pensar y su comportamiento por la respuesta que reciba del auditorio.

Entre uno y otro género de la oratoria, existen analogías y diferencias. Estas últimas son más de carácter formal. Por ejemplo, el discurso suele prepararse para un gran número de personas, para un público amplio y heterogéneo; de jóvenes y viejos. Su carácter es más genérico. No pretende agotar un tema, sino lo insinúa. La conferencia, en cambio, es para un número más restringido de oyentes. Por lo general, se ofrecen en recintos cerrados y más pequeños. El orador se dirige a un público más especializado, más homogéneo e, incluso, conocedor del tema. Se pretende agotar un tema y se busca el debate *interpares*. Mientras que el discurso es casi siempre unidireccional, la conferencia no lo es.

Pero, pasando por alto las diferencias que puedan existir, en el marco de la interrelación comunicativa que se establece, el orador siempre pretende alcanzar determinados propósitos. Entre los teóricos de la comunicación, existe desde hace tiempo el convencimiento de que hay tres propósitos generales en cualquier acto de oratoria:

- Entretener, buscando el agrado y la diversión del receptor.
- Informar, procurando la comprensión diáfana de una idea o aclarando una duda.
- Persuadir, aspirando a la adhesión y la acción por parte del receptor.

Es claro que estos propósitos generales del discurso general persiguen el logro de una reacción a las ideas expuestas. También es cierto que, dentro de los propósitos generales de entretener, informar o persuadir, ninguno de estos aspectos puede descuidarse, ya que deben formar una unidad. Ahora, analicemos más de cerca estos tres elementos.

7.1 Entretener

Cuando el orador únicamente pretende entretener a su público, el propósito rector será el de divertir y agradar. A menudo, se logra la complacencia del auditorio modificando la visión que tenían sobre un tema dado. Por ejemplo, cuando el orador, con un fino humor, logra mostrarnos las facetas humorísticas, absurdas e incongruentes de nuestro modo de vida, tanto personal como a nivel nacional. Cuando nos hace ver que nuestro afán consumista nos lleva a comprar «basura». Cuando pone en clave de humor algunos aspectos normalmente serios de la vida, como la incomprensión generacional, la política, la siquiatría, la explosión demográfica y otras muchas cuestiones parecidas, tanto sagradas como profanas.

Si bien el mejor medio para entretener al auditorio es el humor, también pueden divertirlo las noticias, los reportajes o unos comentarios extraordinarios. No cabe duda de que, para lograr este propósito, un lenguaje vivo, la simpatía personal y la singularidad de los argumentos expuestos son elementos determinantes.

7.2 Informar

Si la intención fundamental reside en que el auditorio comprenda o asimile una idea o si se trata de ampliar sus conocimientos, el propósito general básico del discurso o la conferencia será el de informar. El orador, cuando informa, procura ser lo más objetivo posible, dentro de la relatividad que este concepto permite. Toda palabra, independientemente del tono con que se pronuncie, lleva en sí misma una carga emocional que no permite la asepsia, por muy sincero que el orador pretenda ser al ofrecer la información.

Para que el mensaje informativo tenga efecto, el orador relacionará sus ideas con las del auditorio, las concatenará con el fin de que los presentes puedan seguir sin complicaciones el hilo de la información.

Si presenta ejemplos, deben ser concretos y apoyarse en un conocimiento específico del hecho que se va a informar. Así logrará aumentar de forma considerable el nivel informativo del auditorio, ya que éste tendrá conocimiento de una noticia o un hecho significativo .social, político o cultural. que hasta ahora desconocía.

7.3 Persuadir

La persuasión persigue un doble objetivo: influir sobre el receptor e impulsarlo a la acción. Si bien es cierto que, en general, todo discurso busca la persuasión, existen situaciones en las que el orador tiene un sólo propósito: persuadir a quien se dirige.

El discurso persuasivo busca no sólo influir en las creencias o ideas del oyente, sino que pretende que éste haga suyos las ideas y los sentimientos ajenos. Es decir, que modifique sus creencias y comportamientos. Cuando el orador se dirige al público pidiendo que acepte sus ideas, está admitiendo implícitamente que espera de los presentes que crean en lo que él cree; que sientan y actúen como él lo haría. A la vez que pretende influir en él, también busca su impulso.

Por ejemplo, una asociación humanitaria ofrece una cena de gala con el fin de recaudar fondos destinados a enviar alimentos a una región sometida al terrible azote de la hambruna.

El presidente de la institución tiene que pronunciar un discurso que reúna los tres propósitos fundamentales. Tiene que informar, para que el auditorio conozca la magnitud de la tragedia y cuente con datos que le hagan razonar. Debe entretener, porque hablará en medio de una cena y no querrá amargarles el postre a los asistentes. Por otra parte, este tema siempre se ha tratado con patetismo y, como «gancho» para despertar el interés, sería conveniente aliviar la tensión con alguna anécdota.

Por último, está obligado a persuadir. Es probable que los participantes estén convencidos de que hay que socorrer a los hambrientos, pero de lo que se trata en esta cena es de movilizarlos para que aporten su contribución. Este paso de la comprensión pasiva a la acción sólo se da si el orador es tan persuasivo que todos los asistentes echan mano a la chequera y donan una bonita suma.

7.4 Fin específico del orador

Así llegamos a lo que se llama el fin específico del orador. Ya vimos que el discurso anterior tenía que cumplir con los tres propósitos básicos —entretener, informar y persuadir—, pero, en definitiva, había otro fin que era el primordial: que se donara dinero. Cuando un orador se dirige a un auditorio determinado, persigue como fin específico la respuesta convincente de los presentes a sus ideas. Es decir, busca una coincidencia en las acciones, las creencias y los sentimientos de la audiencia.

Para ilustrar mejor este principio, veamos los ejemplos siguientes:

- Tema a debate: Formación de una cooperativa de viviendas.
    - Propósito general: Persuadir a los presentes de la importancia de la formación de una cooperativa para la adjudicación de las viviendas.
    - Fin específico: Lograr un máximo de adherentes para iniciar las obras cuanto antes.
- Tema a debate: La droga y sus efectos sobre los jóvenes.
    - Objetivo general: Informar a los jóvenes sobre los efectos de la droga y sus secuelas.
    - Fin específico: Evitar la drogodependencia en los jóvenes.
- Tema a debate: El rally París–Dakar.
    - Propósito general: Entretener al público asistente a la conferencia.
    - Fin específico: Contar en clave de humor las peripecias del rally y tratar de que el público se divierta con las anécdotas del viaje, narradas por un participante.

Cuando formule el fin específico, el orador deberá hacerlo en forma clara y concisa. Procurará situar al auditorio en el objetivo central de la charla, que será comprensible y amena. Por último, buscará su adhesión o su acción respecto al tema a debate.

Ejercicios

1. Exponga las diferencias que pueden existir entre algunos géneros de la oratoria. Cite ejemplos.

2. Mencione los tres propósitos generales de cualquier acto de oratoria.

    1..

    2..

    3..

3. ¿Cómo entretendría usted a un auditorio?

4. ¿Por qué es necesario informar al público?

5. ¿Cómo se consigue persuadir a los oyentes?

6. ¿Qué es el fin específico del orador?

7. Cite tres ejemplos que ilustren qué es el fin específico.

    1. Tema a debate: ....

    Propósito general: ....

    Fin específico: ....

    2. Tema a debate: ....

    Propósito general: ....

    Fin específico: ....

    3. Tema a debate: ....

    Propósito general: ....

    Fin específico: ....

8 EL DISCURSO SINGULAR

Ya hemos señalado las características esenciales del discurso general, su complejidad y los propósitos que debe cumplir cualquier clase de ejercicio oratorio. Sin embargo, existen situaciones en las que sólo tratamos de explicar o probar un único aspecto de un tema. Este puede surgir al calor del debate en una reunión informal o en situaciones en las que tenemos que presentar un informe oral o instruir a los presentes.

En este caso, recurrimos a lo que se llama discurso singular. Este tipo de discurso sólo pretende explicar una única idea, en tanto deja a un lado las de carácter más complejo. Al fijar la atención en un sólo aspecto de un tema más amplio —por ejemplo, en un coloquio sobre la televisión, se diserta sobre la telenovela—, el orador debe centrarse en él y evitar la tendencia a divagar y a tratar desordenadamente cuestiones que no tienen relación directa con el argumento central de la disertación. El disertante, al aprender a desarrollar una única idea, realiza una práctica que más tarde le será útil para discursos o conferencias más complejos.

Por eso, es importante conocer con qué materiales o recursos puede contar el orador para preparar y ofrecer su discurso. Para que se comprenda mejor la función que cumple cada elemento, los expondremos en tres grupos básicos:

- Los materiales de apoyo
- Los recursos estilísticos
- Los medios audiovisuales

8.1 Los materiales de apoyo

Damos el nombre de materiales de apoyo a los elementos de diversa índole que utilizamos fundamentalmente en la preparación del discurso. Entre ellos, se encuentran los siguientes:

Las notas

Se consideran notas todo el material escrito que acopiamos para la redacción posterior del discurso escrito. Por ejemplo, mientras leemos los libros de consulta o las fichas, vamos anotando las ideas que nos surgen. Una vez que se cuenta con el argumento del discurso, recurrimos a las notas para desarrollar las ideas según el orden que hemos establecido en el esquema.

Los apuntes

A diferencia de las notas, los apuntes sí se utilizan en forma directa durante el discurso. Se trata de frases sueltas que contienen ideas básicas sobre los temas que desarrollaremos libremente en la tribuna. Deben estar escritos mecánicamente para facilitar la lectura durante el discurso. Es imprescindible que los apuntes estén ordenados de acuerdo con el argumento o esquema que hemos preparado. Nada hay más penoso que ver a un orador «perdido entre los papeles».

Las fichas

Tienen razón de ser cuando el orador se especializa en un tema. Por ejemplo, un profesor de Psicología, que suele ofrecer conferencias, dispondrá de fichas sobre las cuestiones más interesantes o usuales que trata. En las fichas, se condensará la información disponible o básica sobre un aspecto, así como una referencia detallada de la bibliografía.

Las citas

Para las personas que hablan en público con frecuencia, también significa un ahorro de tiempo y energía disponer de un tarjetero de citas. Estas estarán ordenadas por temas que suela tratar: guerra, felicidad, amor, sacrificio, poder, etc.; pero también por autores: Lin Yutang, José Ortega y Gasset, Winston Churchill, entre otros.

Los archivos

Si bien es cierto que muy pocas personas disponen de un archivo personal importante, siempre es conveniente tener uno donde se guardan documentos, recortes de prensa, discursos anteriores, estadísticas, anécdotas y chistes, etc.

La música

¿Qué papel desempeña la música aquí, si estamos hablando de oratoria? La música puede ser un elemento de apoyo, por ejemplo, en una conferencia sobre civilizaciones africanas, por no aludir a las disertaciones sobre musicología o etnología. En estos casos, también es bueno contar con archivo de música o fonoteca. En un plano más sencillo, una persona que cuenta sus peripecias durante un viaje al Caribe podrá intercalar música entre las transparencias que muestra a su público. Para ello, sólo necesitará un sencillo equipo reproductor de sonido.

El micrófono

Este aparato se ha convertido en un auxiliar imprescindible del orador. Ya nadie tiene que desgañitarse para que le oigan. Sólo hay que seguir una rutina de comprobación antes de comenzar a hablar:

- Cerciónese de que el micrófono está conectado.
- Sitúe el micrófono casi a la altura de la boca o, si es inalámbrico, verifique que está bien sujeto a su ropa.
- Ajuste el volumen correcto.

Tanto en un discurso singular como en los de carácter más general y complejo, las ideas expuestas serán comprendidas y asimiladas mejor si, con la ayuda de material de apoyo, aportamos datos que reafirmen nuestra exposición y mejoramos su calidad. La idea o aspecto que queremos comunicar no serán comprendidos cabalmente si no aportamos los datos complementarios para que sea así o si no aseguramos las condiciones para que el mensaje sea captado con nitidez.

8.2 Los recursos estilísticos

En la mayoría de los casos, el receptor huye, por naturaleza, de la ambigüedad y la abstracción. Si le dicen «El déficit presupuestario es coyuntural», exigirá que le expliquen con datos, cifras y otros elementos concretos qué es lo que el orador quiere decir con esta frase generalizadora.

Los recursos estilísticos representan un ayuda eficaz para los oradores. Cuando nos servimos de estadísticas, citamos a autoridades en la materia, explicamos desde otro punto de vista distinto al acostumbrado o utilizamos datos recogidos por institutos de investigación, le estamos dando más consistencia a nuestra exposición.

Cuando echamos mano de los recursos estilísticos, debemos seleccionar muy bien aquellos conceptos literarios, políticos o técnicos que refuercen nuestro discurso. Si citamos a un poeta o a un novelista, la cita debe apoyar con absoluta precisión nuestra exposición. Si utilizamos las estadísticas, estas deben ajustarse al tema para mayor claridad de los presentes. Si señalamos esto, es porque hemos escuchado a oradores que citan sin ton ni son o emplean estadísticas que lo único que hacen es marear al auditorio con una avalancha de cifras.

Los recursos estilísticos son los que forman parte del discurso. Esto significa que, en el momento de la redacción o de la elaboración del argumento, el orador los tiene en cuenta para que su exposición sea más clara y amena. Podemos nombrar los siguientes:

La explicación

Es el recurso estilístico más sencillo. Se trata de la definición de un objeto, un término, un tema, etc. Por ejemplo, un ingeniero presenta una nueva máquina para limpiar las calles. En su explicación, describirá las características técnicas y el funcionamiento.

El ejemplo

Es la cita breve de situaciones, casos, elementos, objetos, etc. que sirven como referencia de lo que se afirma. Para continuar con nuestro ejemplo, el ingeniero podría citar la limpieza de avenidas anchas, carreteras, pistas de aeropuertos u otros lugares donde se aplica la nueva máquina.

La ilustración

Es la explicación detallada de un ejemplo. Para ello, nuestro ingeniero podría referirse a un caso hipotético (la limpieza de las pistas de un aeropuerto) o a uno real (la limpieza de las pistas del aeropuerto de Barajas). Debe aportar todos los datos que conviertan la narración de este hecho en algo digno de consideración. Por ejemplo: Después de un grave accidente en la pista, la máquina fue capaz de dejarla completamente limpia en pocas horas.

La comparación

Es un método que consiste en señalar las semejanzas o las diferencias entre dos cosas. Por lo general, una de ellas ya es conocida, en tanto que la otra es novedosa. Por ejemplo: con las máquinas anteriores, se necesitaban tres operarios; con las nuevas, basta con uno.

El testimonio

La cita verbal de los criterios, opiniones o conclusiones de otras personas por parte del orador reciben el nombre de testimonio. Se recurre a él para reforzar un aspecto de la exposición, de modo que el auditorio sepa que otros comparten el punto de vista del orador o conozca cómo piensan sobre determinados aspectos. Por ejemplo: El ingeniero cita el testimonio del conductor de la máquina barredora en relación con su fácil manejo y mantenimiento.

Las estadísticas

Son las cifras que permiten presentar en forma resumida una gran cantidad de datos. Por ejemplo: El ingeniero presenta las estadísticas relativas a accidentes causados por suciedad en las pistas, para resaltar la importancia de contar con buenos equipos de limpieza.

El replanteamiento

Es la repetición de lo expuesto o ya conocido por medio de otras palabras. El replanteamiento puede utilizarse para reiterar brevemente al final de la exposición el mensaje fundamental del orador. También puede ser una presentación completamente nueva del tema desde otro punto de vista. Por ejemplo: El ingeniero no comienza su exposición explicando las características y el funcionamiento de la máquina, sino refiriéndose a las alarmantes cifras de accidentes debido a la suciedad en las pistas.

8.3 Los medios audiovisuales

Los medios audiovisuales son los elementos con que cuenta el orador para destacar determinados aspectos de su discurso. Este material incluye lo siguiente:

- mapas gráficos
- fotografías diagramas
- planos maquetas
- dibujos
- diapositivas,
- cintas de vídeo cintas magnetofónicas
- películas transparencias
- pizarras
- el propio objeto

Por ejemplo, si queremos explicar el funcionamiento de una cámara fotográfica, no hay duda que la explicación será más clara si la ilustramos con la propia cámara, siempre y cuando el grupo de personas que reciben la explicación no sea numeroso. De lo contrario, tendremos que recurrir a una cinta de vídeo o película proyectada sobre una pantalla. Con un puntero, el orador irá explicando las distintas partes y sus funciones.

Estos elementos audiovisuales sirve única y exclusivamente para reforzar y concretar aquello que decimos. No obstante, resulta beneficioso conocer algunos principios que debemos respetar cuando los utilizamos.

El uso de los medios audiovisuales

El uso de estos medios debe estar condicionado por una norma básica: que el auditorio pueda seguir sin dificultad nuestro discurso y, a su vez, lo que le estamos mostrando o haciendo oír. Para que esto sea así, no deberemos situarnos nunca entre el objeto que vamos a mostrar y el auditorio. Por ejemplo, si mostramos algo en un plano o un gráfico, si queremos destacar algo en una fotografía —el detalle del momento preciso en que una bomba inteligente penetra por una puerta en un búnker durante la Guerra del Golfo—, el presentador deberá situarse a un lado del tablero y, con un puntero, señalará el lugar que desea destacar, sin dejar de hablar de cara al público.

Otra norma importante es cerciorarse de que el material utilizado puede ser visto sin complicaciones por todos los presentes. Por ejemplo, la cinta de vídeo que grabó un aficionado y que un abogado de Los Ángeles utilizó para inculpar a cuatro policías por su acción represiva contra un ciudadano de color. El vídeo del aficionado, aunque había sido grabado en condiciones difíciles, resultó óptimo como prueba acusatoria. Durante el juicio, la pantalla se colocó de modo que la secuencia pudiera ser vista perfectamente por todos los miembros del jurado, el juez, el fiscal y el abogado defensor, así como por los demás asistentes al juicio.

Un aspecto también importante es que el instrumento audiovisual utilizado sea claro y pueda entenderse a primera vista. El auditorio no está dispuesto a perderse entre los vericuetos de un diagrama o un mapa complicados mientras tiene que seguir simultáneamente al orador. También se recomienda usar colores vivos, brillantes y bien diferenciados que eviten la confusión. Las fotos han de ser nítidas; las cintas magnetofónicas permitirán la audición perfecta del elemento grabado como elemento auxiliar para la conferencia o disertación.

Pero, sobre todo, no olvidemos el carácter didáctico del material empleado. El material auxiliar debe servir al orador para convencer mejor al receptor y, también, para entretenerlo.

8.4 El método didáctico

En un discurso para convencer al auditorio, el método más efectivo para llegar al auditorio con la ayuda de los medios audiovisuales es el didáctico.

Este método pretende, en primer término, enunciar y aclarar la proposición que se intenta demostrar. La prueba se presenta en forma de recurso estilístico y, por último, se refuerza con los medios audiovisuales. Por lo tanto, tenemos primero el enunciado de un aspecto específico; le sigue la aclaración mediante explicaciones, comparaciones, etc. A continuación, se realiza la demostración por medio de ejemplos específicos, testimonios grabados, gráficos estadísticos, fotografías o tomas de vídeo. Al final, se resume el punto y se procede a exponer la conclusión.

8.5 El entretenimiento

Por otra parte, los medios audiovisuales que se utilizan en un discurso para entretener se disponen de igual modo que en el discurso informativo o persuasivo. Pero, en este caso, serán seleccionados única y exclusivamente con el fin de distraer o divertir al auditorio. Apelará a las descripciones vivaces y a situaciones insólitas; las parrafadas en clave de humor, basadas en experiencias propias o ajenas, suplirán a los gráficos estadísticos; se exagerarán las descripciones y los gestos; se recurrirá a la ironía o al sarcasmo, a las palabras equívocas y a modulaciones imprevistas en el ritmo del discurso.

No hay duda de que el humor es el elemento esencial de un discurso destinado a entretener. Por eso, no basta con hacer unos cuantos chistes deshilvanados. En un discurso para entretener, los elementos auxiliares, tanto estilísticos como audiovisuales, deben servir también para iluminar el aspecto central del discurso. Con humor, pueden plantearse también cuestiones filosóficas muy significativas y loables. El discurso para entretener puede ilustrar con una serie de chistes y anécdotas bien hilvanados, a un ritmo acelerado, una idea principal de gran valor humano.

En este tipo de discurso, los elementos narrativos se disponen de la siguiente forma:

- Como introducción, se cuenta un chiste o una anécdota, se ilustra con una cita o unos versos que hacen referencia al tema central.
- Se presenta la idea central o el criterio implicado en la introducción.
- Se añaden algunas anécdotas, chistes o ilustraciones de citas adicionales, que amplíen o saquen a la luz esta idea principal de manera que se produzca un

«crescendo» del interés y el humor a medida que transcurre la exposición.

- Se concluye volviendo a plantear de forma curiosa o sorprendente la idea del tema central desarrollado. Lo sorpresivo, lo inesperado, lo sorprendente, son elementos claves en el discurso para entretener.

Ejercicios

1. Explique la diferencia entre el discurso general y el singular.

....

....

....

....

2. ¿Con qué elementos cuenta el orador para preparar y ofrecer su discurso?

1..

2..

3..

3. Explique brevemente la función que desempeñan los siguientes materiales de apoyo:

1. Las notas: ....

....

2. Los apuntes: ....

....

3. Las fichas:..

....

4. Las citas: ....

....

5. Los archivos: ....

....

6. La música: ....

....

7. El micrófono: ....

....

4. Siguiendo un modelo similar al que se utiliza en este capítulo, dé un ejemplo de cada uno de estos recursos estilísticos:

1. La explicación: ....

....

2. El ejemplo: ....

....

3. La ilustración: ....

....

4. La comparación: ....

....

5. El testimonio: ....

....

6. Las estadísticas: ....

....

7. El replanteamiento: ....

....

5. ¿Qué medios audiovisuales puede utilizar el orador?

6. ¿Qué recomendaciones podría hacerle a un orador que pretende utilizar medios audiovisuales?

7. Explique en qué consiste el método didáctico.

8. ¿Conoce alguna anécdota que sirva para comenzar una conferencia sobre uno de estos temas? Si es así, demuestre cómo la emplearía.

1. La defensa del medio ambiente
2. El amor entre marido y mujer
3. El trabajo

9 EL INFORME ORAL

9.1 Definición de objetivos

El objetivo del informe consiste en resumir hechos pasados, presentes o previsibles, partiendo de hechos comprobados. Debe hacerse de forma clara y detallada. Este tipo de exposición es más frecuente en los medios científicos, los organismos políticos y estatales, como bien pudieran ser las comisiones especiales de investigación del Parlamento, por ejemplo. y los informes de los cargos ejecutivos de las empresas.

Así, en los informes orales, los investigadores presentan de forma directa sus descubrimientos antes de llevarlos al papel. Las comisiones realizan encuestas de estados de opinión sobre determinados aspectos de la vida social o pública, y presentan los resultados en forma oral ante los representantes del Estado o los miembros de la junta directiva de una empresa. Los hombres de negocios, profesionales, profesores o intelectuales participan en congresos y simposios; posteriormente, deben presentar la información que han recopilado.

Como bien podemos ver, el informe se ha convertido en un instrumento de comunicación muy importante en las sociedades altamente tecnificadas y desarrolladas como la nuestra, donde la información de primera mano, rápida y que ahorre tiempo es esencial.

9.2 Premisas del informe oral

Para ser eficaz, el informe oral debe satisfacer tres premisas fundamentales:

- Se caracterizará por su claridad.
  Debe limitarse a exponer unas pocas ideas principales.
- Será concreto.
  Debe evitarse la proliferación de detalles intranscendentes, yendo al meollo del asunto. Si es necesario, se mencionarán datos estadísticos, utilizando preferiblemente números redondos. Debe ofrecerse un esbozo general del asunto, evitando los hechos anecdóticos o insustanciales. La explicación se apoyará en gráficos, planos, fotografías u otros elementos que permitan enriquecer el informe, haciéndolo más comprensivo para el auditorio.
- Permitirá la asociación de ideas.
  El auditorio asimila mejor lo nuevo estableciendo una relación entre las ideas que ya domina y las nuevas.

9.3 Elementos principales del informe oral

En esencia, el informe oral debe contar con tres elementos principales:

- Ser objetivo
- Presentar los hechos concretos
- Exponerlos sin opinar

Cuando una persona proceda a informar a un auditorio, lo hará sobre lo que conoce o ha visto, evitando todo juicio de valor. No dará a conocer su opinión sobre el asunto que se informa. Procurará que la información salga de sus labios en la forma más neutral posible. Se limitará a informar y los oyentes serán son los que valoren su información.

El orador informante debe hacerlo limitándose a los hechos, y sólo a los hechos. Si expresa su opinión sobre el tema, deberá hacerlo de forma que el auditorio distinga entre la información y la opinión personal. Es el caso de algunos buenos periodistas que se limitan a dar la noticia del día y, a continuación, su opinión particular. No mezclan ambas cosas, pues, de lo contrario, el receptor no sabrá si lo informado es parte de la noticia o el criterio sobre la misma.

El informe debe suministrar al auditorio la mayor cantidad posible de datos, detalles y demás elementos que le permitan evaluar lo informado.

Por último, el informante expondrá los hechos tal como han ocurrido. Lo que ha visto u oído, tal como ha sucedido. No pretenderá convencer ni persuadir al receptor. Es éste quien tiene que convencerse de que la información recibida es la adecuada.

Ahora bien, si los datos recibidos por el receptor tienen una importancia y una significación relevantes y, por esa razón, llevan al receptor a formarse su propio juicio de valor, es algo que escapa a la voluntad del informante. Por ejemplo, estamos sentados ante el televisor y el informador dice que se ha producido un choque de trenes que provocó un sinnúmero de muertos y heridos. Simultáneamente, vemos las imágenes del hecho. Es el hecho en sí lo que nos impacta y no lo que dice el locutor, quien sólo se ha limitado a dar la noticia. No ejerce sobre nosotros influencia alguna. Es la noticia directa lo que influye en nuestros pensamientos y sentimientos.

9.4 El informe y sus fases

Al presentar un informe al público, debemos elaborar un esquema que evite confusiones y reiteraciones. Este esquema puede dividirse en tres partes:

- La introducción.
  Como indica la propia palabra, sirve para introducir al auditorio en el tema en cuestión, incitando su interés.
- El cuerpo de la información.
  Se limita a exponer los hechos de forma ordenada y cronológica, apoyándose siempre en ejemplos precisos con el fin de aclarar la información presentada.

- La conclusión.

  Es el resumen de lo expuesto, destacando las ideas o hechos esenciales.

Una vez establecido el esquema, pasaremos a analizar pormenorizadamente las metas que el orador debe ir alcanzando a lo largo del desarrollo de las tres fases anteriores.

- Presentar del tema objeto de la información
- Llamar a la atención del receptor
- Motivar al receptor
- Lograr que comprenda y acepte la información

En la introducción deben hallarse las ideas o hechos claves. Para ello, es necesario contar con todos los datos que contribuyan a demostrar que la información que se transmite es veraz, está fundamentada en hechos comprobados.

El tema debe presentarse con seriedad, pero no tanta que el auditorio se prepare para una buena siesta, y con rigor. Una afirmación impactante, un dato sobresaliente o una pregunta hecha inteligentemente pueden ser capaces de despertar unos cerebros adormilados. Por supuesto que el orador echará mano de todos los recursos a su alcance para mantener la atención que ganó al principio. Sin embargo, hay que tener presente que el informe oral casi siempre se ofrece en un marco formal, que no permite anécdotas subidas de tono ni acciones espectaculares. La dificultad consiste en llamar la atención y mantenerla con sobriedad.

La intención de motivar al auditorio persigue como fin último que comprenda y acepte la información dada. Por eso, tiene tanta importancia. Es fundamental destacar el significado que el tema objeto de la información pudiera tener para cada uno de los presentes. ¿Qué relación puede haber entre cada individuo y el tema que se expone? Puede haber varias respuestas a esta pregunta.

Por ejemplo, supongamos que un director tiene que rendir un informe oral ante la junta administrativa de su empresa. Es cierto que existe un interés común entre todos los miembros de la junta y es que la empresa logre beneficios. Pero algunos de estos miembros consideran que es una meta que se alcanzará a largo plazo. Otros piensan que es necesario reestructurar la empresa para obtener beneficios. El anciano presidente insiste en que se mantengan los principios tradicionales aun a costa de menores ganancias. Pero su hijo está dispuesto todo, incluso a desprenderse de los más fieles colaboradores y proveedores con tal de ganar más dinero.

¿Cómo conciliar todos estos matices? Al preparar el informe, será imprescindible tener en cuenta todos estos puntos de vista. De acuerdo con lo que se tenga que exponer, se establecerá la relación entre cada posición y los hechos que presenta el informe. Así, si el informante dice que este año no habrá ganancias, podrá explicar también lo siguiente:

- No es posible esperar a obtener ganancias a largo plazo, porque la empresa está a punto de quebrar.
- Es absolutamente necesario reestructurar la empresa para ahorrar costes de producción y aumentar la productividad.

- Sin dejar de lado algunos principios tradicionales básicos, no hay más remedio que renunciar a otros para adaptarse a las nuevas condiciones económicas y sociales.
- Si bien es cierto que hay que tomar medidas drásticas para salvar la empresa, hay que sopesar objetivamente la conveniencia de despedir a un personal altamente cualificado. Sólo debe hacerse si estas personas se oponen tajantemente a las nuevas medidas que se tomen.

Independientemente de la decisión a la que se llegue, cada partido ha encontrado reflejada su opinión en el informe. A cada uno se le ha dado una explicación. Esto bastará para que se sientan motivados y tomen parte en el debate del informe.

No obstante, hay que señalar que para motivar hay que contar con datos y cifras fiables en la mano, que ilustrarán la importancia del tema y demostrarán que existe un nexo entre la cuestión y los intereses personales.

Por último, se llega a la última meta que tiene que alcanzar el informante, que es que el auditorio comprenda y acepte lo expuesto. Esto implica, por un lado, que la exposición del informe ha de ser lo suficientemente clara y concisa como para que lo entienda y, por otro lado, que se considere que la información ofrecida es lo suficientemente veraz como para utilizarla en su provecho.

Por ejemplo, un vendedor de bienes raíces recibe a unos compradores en potencia. Tiene que hacerles un breve informe oral sobre las características de la vivienda. Después de mostrarles la urbanización y la casa, los sienta cómodamente en su oficina.

En la introducción, les hablará de la urbanización y de la posición que ocupa la casa en ella, así como ofrecerá datos de interés general. En el cuerpo, explicará en detalle las dimensiones, calidades y características de las habitaciones. En la conclusión, les resumiría las ventajas que les ofrece esta vivienda y por las que les conviene comprarla.

Sin embargo, existe un pequeño problema. Hace años, se cometió un asesinato en esta casa. Desde entonces ha estado deshabitada. El dueño quiere deshacerse de ella por esta razón. ¿Debe decirles la verdad al ilusionado matrimonio?

Unos vendedores opinarán que sí y otros sólo lo harán si ellos preguntan directamente. En cualquiera de los dos casos, lo correcto es informar con objetividad y veracidad, ateniéndose a los hechos. «Sí, hubo un asesinato. No, nadie se ha quejado de que la casa esté embrujada. No se han observado señales extrañas, como ruidos, desplazamiento de objetos, roturas inexplicables, etc. Sí, la gente tiene miedo y tiene prejuicios, pero, en realidad, no ha habido ningún motivo que lo justifique.» Por supuesto que el matrimonio tomará la decisión que quiera, pero, en cualquier caso, el informante se ha ganado a unos clientes que confiarán en él.

9.5 Material de apoyo escrito y audiovisual

Al igual que en el discurso, también en el informe oral es no sólo lícito, sino incluso necesario recurrir a los materiales de apoyo, los recursos estilísticos y los medios audiovisuales.

El material escrito, en el caso de nuestro hipotético vendedor de bienes raíces, se compone de folletos, notas manuscritas, cartas, explicación detallada de los materiales con que está construida la casa etc. El material de apoyo audiovisual puede estar compuesto por los planos de las parcelas, la maqueta de la casa en venta, dibujos y cintas de vídeo que muestren a los potenciales compradores la belleza del paisaje, su situación medioambiental, sus calles y avenidas, las casas vecinas. Todo esto que el comprador ve, amenizado con la voz persuasiva y agradable del orador, podrá convencerle de que lo que se ofrece es lo suficientemente veraz como para que no exista la posibilidad de ser utilizado en provecho ajeno.

Ejercicios

1. ¿Cuál es el objetivo del informe oral?

2. ¿Por qué se dice que el informe oral es un elemento imprescindible de comunicación en las sociedades desarrolladas?

3. ¿Qué premisas debe satisfacer el informe oral?

4. ¿Cuáles son los elementos principales del informe oral?

5. ¿Cómo se divide el esquema básico del informe oral?

6. Explique en qué consisten las metas que el orador debe alcanzar mientras desarrolla el informe..

7. Prepare un informe oral sobre un tema que le interese. Pronúncielo ante un espejo. Corrija sus errores.

10 LA CONFERENCIA

10.1 Definición de sus objetivos

La conferencia, al igual que el discurso, tiene como objetivo informar, entretener y persuadir al auditorio. Sólo que lo hace en espacios más reducidos y ante un auditorio menor. Decimos que un predicador, un político en campaña *hace un discurso,* pues se dirige a grupos numerosos de personas. En cambio, el conferenciante o disertante lo hará ante un número más reducido de personas, en un espacio más pequeño, como pudiera ser un salón de conferencias, y ante un público generalmente más homogéneo. Casi siempre es un público motivado, ya sea por el tema que se va a tratar o por la personalidad invitada a dar la conferencia, por ejemplo, un artista famoso o un científico que acaba de recibir el Premio Nobel.

10.2 Relación tiempo-espacio-auditorio

Establecer la relación tiempo-espacio-auditorio es fundamental para el conferenciante. Hay quien no da importancia a este esquema y comete un error. Toda persona invitada a dar una conferencia debe saber que el receptor acepta el mensaje si el tiempo empleado no es exagerado. Por muy interesante que pueda ser el tema o la personalidad del disertante, el receptor, en general, no acepta tiempos superiores a la hora o la hora y media. A partir de ese momento, comienza a desconcentrarse.

Además, el disertante deberá considerar el espacio, esto es, el lugar donde dará la conferencia. Por supuesto que no es su tarea buscar el espacio, pero sí lo es adecuarse a él. Deberá adaptar su lenguaje, su tono de voz y el tema al espacio de que dispone.

Por último, adecuará también su mensaje al auditorio. Por ejemplo, un sindicalista da una conferencia sobre el papel del trabajador en la sociedad postindustrial. Si este tema lo trata ante especialistas en la materia, economistas, cuadros sindicales nacionales y extranjeros, políticos, empresarios, en suma, personas relacionadas directa o indirectamente con la problemática de la conferencia, adecuará su lenguaje al nivel de estas personas y al lugar elegido para ello. Podrá utilizar sin reparos un lenguaje técnico, pues su auditorio está acostumbrado a él. Ahora bien, si lo hace ante un público heterogéneo, compuesto por trabajadores, amas de casa, jóvenes con escaso nivel cultural, su lenguaje deberá ser más sencillo, apartado de los tecnicismos, comprensible para todos los presentes y, sobre todo, procurará ser breve.

La actitud del auditorio dependerá, por tanto, del tiempo y del espacio que tiene el conferenciante. Por ejemplo, un historiador va a dar una conferencia sobre la retórica en la Roma de los Césares; el lugar destinado es un centro deportivo. La elección de este recinto es un error. A menos que esté debidamente aislado de los ruidos del exterior. Y lo más probable es que vayan al lugar unas pocas personas. Pero si se hace en el aula magna de una universidad, seguro que podrá contar con un lleno completo.

El lugar idóneo para una conferencia de prensa, donde se va a concentrar un gran número de periodistas y fotógrafos, no puede ser una habitación de 4 x 4, sin ventilación y sin la comodidad indispensable. Se armaría un lío terrible. Debe haber suficiente espacio como para que, en primer lugar, exista una separación conveniente entre el conferenciante y los asistentes y, en segundo lugar, otro espacio adecuado para los periodistas, los cámaras de cine y televisión, los micrófonos, las conexiones, así como para las personas ajenas al medio pero interesadas en dicha conferencia o participantes en la organización y la seguridad.

10.3 Preparación previa

Toda conferencia, independientemente de la forma en que se vaya a encarar, exige un proceso de preparación previo, como el discurso. En primer término, el conferenciante debe elegir el tema que tratará. A continuación, tendrá que recopilar los materiales auxiliares, tanto escritos como audiovisuales. Después deberá estructurar el guión, con los puntos centrales que tocará. Y, finalmente, practicará en voz alta el texto escrito.

10.4 El tema a tratar ha sido elegido

Aunque, en general, el contenido de la conferencia es elegido por el disertante, puede darse también el caso contrario. Por ejemplo, una editorial solicita a una personalidad intelectual, un escritor, un político, un jurista, que presente el libro de un autor determinado o pide al autor que no sólo hable del nuevo libro sino también de su vida y obra en general. En ambos caso, nos hallamos ante una conferencia cuyo contenido le ha sido impuesto al conferenciante. Lo podrá hacer por obligación o con gusto, pero no es su tema. El conferenciante que ha elegido el tema, lo hace sabiendo con antelación a quién va dirigido.

Elegir el tema adecuado al auditorio no es tarea fácil. Por lo pronto, hay que saber definir el tema de manera que, en su desarrollo, los hechos, las anécdotas o las citas intercaladas no desvíen al orador de la idea central ni tampoco desvíe el interés de las personas presentes. Es decir, que exista una concatenación de todos los elementos que hacen a la conferencia. Al elaborar el guión, el conferenciante debe creer y sentir lo que dice, no sólo porque éticamente sería objetable, sino también porque esto le dará una seguridad psicológica e intelectual.

10.5 La recopilación del material auxiliar

Transmitir a otros ideas y sentimientos exige un dominio y un conocimiento plenos. Por ejemplo, si usted va a dar una conferencia sobre un tema muy actual, como puede ser el de la violencia en la televisión, por muchas gárgaras que haga para aclarar su voz y por mucho que domine las técnicas de expresión, su ignorancia en la materia le hará fracasar, porque su especialidad es, precisamente, la pastelería.

Pero resulta que hay una asociación que desea dar a conocer la opinión que personas ajenas al medio tienen sobre este tema. Así que no le queda más remedio que aceptar. En este caso, deberá hacer el esfuerzo y realizar estas labores:

- Recopile el material auxiliar necesario, reuniendo toda la bibliografía, fotos, cuadros, etc., que considere útiles para la disertación. Es recomendable preparar apuntes, ya sea para desarrollar su conferencia por escrito o para memorizar las citas, estadísticas o anécdotas que referirá en el momento oportuno. Puede recopilar también recortes de periódicos o de revistas especializadas sobre el tema. Una vez hecho esto, ordene el material conforme al «esqueleto» del guión.
- Seleccione el material recopilado, quedándose únicamente con aquello realmente trascendente y que haga a la esencia de su conferencia.
- Clasifique el material auxiliar, organizándolo en función del guión, con el fin de precisar y definir más exactamente la estructura del texto empleado para dar la conferencia.

Al clasificar ordenadamente las partes fundamentales del tema, estructurará también los subapartados correspondientes a cada punto principal. De esta forma, tendrá lo que podemos llamar la estructura básica de la conferencia.

10.6 La estructuración del guión

Aun cuando el disertante cuente con un archivo suficientemente amplio y abundante de datos clasificados en ficheros apropiados y conozca la naturaleza del tema que va a abordar hasta el punto que pueda ahorrarse los pasos antes señalados, el orador especializado en el tema deberá elaborar, en cualquier caso, un guión o esquema que contenga las ideas centrales del tema objeto de la conferencia. Puede hacerlo como lo considere mejor, pero se recomienda seguir el proceso siguiente:

- Establezca claramente, con exactitud y precisión la idea central del mensaje con una formulación breve (introducción al tema). Así, los presentes tendrán conocimiento del tema que va a abordar el orador.
- Exponga el tema con un lenguaje ameno y conciso, para que el auditorio asimile el tema y preste atención sin esfuerzo alguno. Desarrollará el guión siguiendo criterios de carácter cronológico, lógico, táctico o estratégico.
- Asiente la idea central sobre unos pocos puntos esenciales que actuarán como hilo conductor. En este sentido, es muy importante elegir con especial cuidado las palabras que definirán estos puntos del guión. Todo orador con años de experiencia sabe que es

muy importante redactarlos de forma que sean fáciles de entender y recordar, buscando frases breves y evitando las exposiciones largas, complejas y ambiguas, que puedan provocar confusión. El guión se destacará por la fuerza de sus construcciones lógicas y por la vivacidad del lenguaje empleado en la redacción de esos punto principales. Existirá una relación de proximidad con el auditorio. El lenguaje elegido expresará el deseo de acercarse a los intereses y tareas de los asistentes. Y, por último, las palabras que expresen los puntos principales darán una impresión de coordinación, evitando giros innecesarios que pasen de una frase dicha en voz pasiva a otra en voz activa o que entremezclen preguntas y afirmaciones, es decir, que haya paralelismo.

- Dedique mucha atención a lo que recubre el «esqueleto», es decir, los modelos, estadísticas, citas, anécdotas, y demás elementos secundarios, que va a necesitar para desarrollar los puntos principales. Contribuyen a ilustrar mejor la conferencia, a la vez que la hacen más atrayente e inteligible.

10.7 Práctica en voz alta

Con el guión ya listo, resulta conveniente practicar la oratoria en voz alta. Esta práctica permite, en las conferencias manuscritas y leídas, jugar con la inflexión de la voz; establecer el «tempo», es decir, el ritmo de la conferencia; manejar las pausas, cortas o largas; mejorar la dicción, de modo que, cuando se dirija al auditorio, parezca como si lo hiciera por vez primera.

No hay que olvidar que el orador tiene que buscar el mismo resultado que la bailarina de ballet: la perfección. Tendrá que ensayar cada movimiento tantas veces como sea necesario hasta que éste salga «natural». Los actores de la «Commedia dell' Arte» improvisaban a la perfección; primero, porque conocían muy bien el guión y, segundo, porque previamente habían ensayado tantas veces un movimiento o el giro de una frase que, cuando lo hacían ante el público, siempre parecía que lo hicieran por primera vez. Por eso debe recitar el texto en voz alta y si sólo se trata del «esqueleto del guión», debe seguir las secuencias de las ideas, hasta dominarlas plenamente.

No obstante, conviene señalar, como ya hicimos en un capítulo anterior, que el orador nunca debe aplicar la técnica del actor. El no tiene que representar un personaje, tiene que ser él mismo. Recuerde siempre que la oratoria tiene su propia técnica.

Concéntrese y repase mentalmente el guión sin decirlo, hasta que haya comprobado que las ideas centrales han sido fijadas.

Una vez hecho esto y teniendo en su mente la imagen del auditorio al que va a dirigir sus palabras, vuelva a decir en voz alta el texto del guión elaborado sin mirarlo. Practique una y otra vez hasta que las palabras surjan sin dificultad.

10.8 La conferencia y su ritmo

La conferencia, al igual que el discurso, tiene su ritmo. Es imprescindible que el orador domine este aspecto de la comunicación. Así como en la música el «tempo» señala los diferentes movimientos de una partitura, también en una conferencia existen esos movimientos. Al desarrollar un tema, este tiene un ritmo propio. Hay momentos de flujo y de reflujo, momentos culminantes y lánguidos. Hablamos más lento o más pausado, de acuerdo con lo que estamos diciendo y la atención que buscamos. Remarcaremos las ideas centrales que pretendemos que el auditorio asimile y mencionaremos velozmente aquellos elementos del discurso de importancia secundaria.

Si, por ejemplo, vamos a disertar sobre el azote de la droga en los jóvenes, debemos saber establecer con antelación el ritmo de la conferencia. Veamos un ejemplo:

> El gobierno debe aplicar una política firme contra el mundo de la droga y esta actitud debe ser compartida por toda la sociedad y los Cuerpos de Seguridad del Estado. Pero, sobre todo, corresponde a la justicia ser implacable contra este flagelo de finales del siglo XX. Es necesario ilusionar a toda la sociedad con el fin de conseguir la máxima colaboración de los ciudadanos. Es necesario reformar el Código Penal y el sistema procesal, con el objetivo de agilizar todos los trámites que actualmente paralizan a la justicia. Uno de los problemas más graves para el mundo de la justicia es la excesiva judicialización de la vida de los españoles. Es necesario buscar otras vías alternativas a la cárcel, porque los presos actuales ni se regeneran, ni se educan.

En este breve texto extraído de una amplia conferencia de prensa dada por un juez de la Audiencia Nacional, podemos establecer el ritmo, es decir, la cadencia del discurso.

En su introducción, el conferenciante menciona a aquellas instituciones del Estado a las que corresponde luchar en primera línea contra la droga. Este aspecto informativo tiene un ritmo expositivo directo. Sin embargo, a continuación, el conferenciante puntualiza algo: «Pero, sobre todo, corresponde a la justicia ser implacable contra este flagelo de finales del siglo XX». En esta frase, hay una carga emotiva, no olvidemos que se trata de un juez. En este momento, el conferenciante elevará un poco su voz y acelerará el ritmo, para llegar al punto culminante «implacable». Luego, volverá a bajar su voz y terminará la frase con una cadencia más suave. Remarcará los aspectos de «necesidad». Es «necesario ilusionar ... a la sociedad»; es «necesario reformar el Código Penal y el sistema procesal». Estas necesidades deben destacar sobre el texto que le sigue y que se refiere al objetivo, que será dicho rápidamente como elemento informativo.

Volverá a ralentizar el ritmo para remarcar el hecho de la «judicialización de la vida de los españoles». A esto le sigue una explicación sobre la búsqueda de vías alternativas, para rematar de modo contundente con la afirmación de que los presos actuales «ni se regeneran, ni se educan».

En este breve ejemplo, hemos visto los distinto ritmos, sin contar los matices de voz, que un discurso puede contener. Por eso, en la conferencia, no sólo es importante lo que se dice, sino también cómo se dice.

Ejercicios

1. Explique las características de la conferencia.

2. ¿Qué relación debe haber entre el auditorio, el tiempo y el espacio?

3. ¿Qué lugar buscaría para las conferencias siguientes?

   1. Un grupo de señoras interesadas en el cultivo de cactos.
   2. Sobre medicina deportiva para un equipo de fútbol.
   3. Un tema científico para doscientos congresistas.

4. ¿Cómo se debe preparar una conferencia? Dé una breve explicación.

5. ¿Cómo se estructura el guión de la conferencia?

6. En hoja aparte, prepare una conferencia sobre un tema que domine.

7. Lea el texto de su conferencia y pruebe a variar el ritmo del discurso. Si es posible, realice este trabajo con la ayuda de un equipo grabador.

11 LA COMUNICACIÓN ORAL EN RADIO Y TELEVISIÓN

Hoy día, todos conocemos las modernas técnicas de comunicación de la radio, la televisión por cable y vía satélite. Sabemos que cualquier persona reconocida, tanto en el mundo social como laboral o intelectual, puede ser invitada a hablar en una emisora de radio o televisión de carácter local o de ámbito nacional.

Sin embargo, no es lo mismo dirigirse al público en vivo, directamente, que hacerlo a través de las ondas a una audiencia invisible. La audiencia radial o televisiva son actualmente «universales», no sólo por la magnitud de la audiencia, sino también por sus distancias. Con el nivel de desarrollo alcanzado por la radio y la televisión en nuestros días, podemos dirigirnos al mundo entero. La audiencia se ha «universalizado». Una conferencia de prensa en Japón es recibida en pocos segundos en Estados Unidos. Una noticia importante en Francia, es recibida de inmediato en Argentina.

Pero aún existiendo diferencias substanciales, muchos de los principios que hemos analizado siguen siendo válidos, tanto ante un auditorio visible como ante uno que no lo es. Una buena conferencia, un buen discurso ante un público presente, sigue siendo bueno por radio y televisión.

11.1 El discurso radiofónico

El discurso o la conferencia radiofónicos pueden ser con público o sin él. Veamos a continuación las diferencias o las similitudes entre ambos casos.

- Sin público presente

  Al hablar ante un micrófono de radio en un estudio radiofónico, sin la presencia física del público, es decir, cuando nos dirigimos a través de las ondas a un oyente invisible, las circunstancias se semejan a las del diálogo telefónico. El orador deberá adoptar un tono coloquial, directo, natural, teniendo siempre presente que, aunque se dirija a cientos de miles de personas, deberá hacerlo como si se dirigiera a una sola. Deberá elevar o bajar la voz en función del micrófono y del espacio del estudio. Observará las pautas señaladas por el presentador, que le indicará con un gesto cuándo debe comenzar y cuándo debe terminar para dar paso, por ejemplo, a la publicidad.

- Con público presente

  Con público presente, cambia notablemente la situación. Al contar con una audiencia físicamente presente, es probable que los oyentes se identifiquen con el público que está en el estudio. Aun desde sus casas, saben .porque lo han oído. que en la sala de la radioemisora hay espectadores y, por eso, aceptan que el disertante hable como lo haría en un auditorio. De forma imaginaria, se proyectan hacia el orador que está en la radio y, en cierto sentido, se incorporan al auditorio presente en la radio. Aunque el orador sienta que la presencia física del público, sus respuestas emotivas,—con risas, aplausos o murmullos— a sus manifestaciones, le incita a prestar atención a los presentes, no debe olvidar ni por un sólo instante que los verdaderos receptores de su mensaje son los que no están presentes, aquellos que desde sus casas siguen con interés las secuencias de su discurso.

Es bueno recordar siempre que, en el caso de la radio, los oyentes no pueden ver a quien les dirige la palabra. Por ende, no pueden ver sus gestos, su mímica, los movimientos de sus manos o del cuerpo. El orador podrá accionar al calor de su discurso, pero el oyente no lo percibirá. Lo mismo rige para los posibles elementos de índole visual, como mapas, gráficos, fotos, etc., que el orador también puede tener en el estudio, pero que tampoco verá el oyente.

Debe saber que, para todo lo que desee comunicar, sólo cuenta con su voz. Por esta razón, para captar el interés del oyente, expresar sus opiniones con total transparencia, llamar la atención sobre determinado aspecto de su discurso o hacer una reflexión parcial o general del mismo, sólo se servirá del correcto empleo del ritmo, la modulación, la cadencia, la dicción, el volumen y la vehemencia de su voz.

Sobre todo para las personas que utilizan la radio como medio de expresión, resulta conveniente recordar que existen micrófono muy sensibles que captan correctamente los sonidos desde cualquier ángulo, pero que también existen otros que sólo captan los sonidos directos, es decir, no captan los sonidos que provienen de zonas situadas debajo, encima o detrás del orador, o lo hacen deficientemente.

Por eso, antes de comenzar a hablar, debe consultar con el técnico de sonidos la distancia a la que debe colocarse ante el micrófono. También debe conocer el volumen sonoro con que debe dirigirse a sus potenciales oyentes. Para evitar cualquier posible distorsión del sonido, debe procurar que exista siempre la separación adecuada entre su boca y el micrófono. A veces, si acercamos mucho la boca, la voz sale como un trueno y, si nos alejamos demasiado, porque hemos vuelto nuestra cabeza o nos hemos inclinado hacia un lado, sale muy débil o, sencillamente, no se oye. Existen ahora micrófonos de solapa, de mano o de colgar al cuello, que permiten una mayor movilidad al orador. Pero también con ellos se puede producir una distorsión de la voz al volver bruscamente la cabeza o al separarlos demasiado de la boca.

Los locutores, los presentadores y los cantantes, habituados a manejar los modernos micrófonos electrónicos de mano, los aproximan a su boca cuando se trata de emitir sonidos en tono grave o suave y los alejan de sí cuando emiten notas agudas o elevan la voz. Esto que para el cantante es algo cotidiano, debe serlo también para el orador. Si el orador, sentado o de pie, está relajado y cómodo, es casi seguro que permanecerá tranquilo y no realizará ningún movimiento brusco ante el micrófono.

Pero debe tener cuidado de no avanzar o inclinar la cabeza cuando lea su texto. La distorsión en el volumen sonoro es segura.

Si es la primera vez que está ante un micrófono, conviene que sepa lo siguiente:

- No pase las hojas del texto demasiado cerca del micrófono, pues los sonidos captados salen amplificados. El inocente crujido del papel al volver la página puede sonar en determinadas condiciones como disparos o virutas crepitando sobre las llamas.
- Si lee un texto manuscrito, procurare que el papel sea flexible y suave; no utilice clips para sujetar las páginas, las cuales depositará con suavidad sobre la mesa o el atril una vez leídas.
- Evite tener el texto del manuscrito en las manos; déjelo apoyado en la mesa o el atril.
- Antes de comenzar a hablar, cerciórese de que el orden del texto manuscrito es el correcto. No existe pausa más larga y peligrosa que la que nos vemos obligados a hacer porque, al terminar de leer la página 4, nos encontramos con que la siguiente es la 8. Esto puede tener consecuencias muy desagradables, tanto para el orador como para el receptor.
- No tamborilee con los dedos mientras lee. Ese molesto tic que, en una reunión entre amigos, se soluciona con un «¡oye, deja los dedos quietos!», puede sonar ante un micrófono como los cascos de un caballo desbocado.
- Evite los gestos y, si los realiza durante la lectura, procure que sean silenciosos.

- Evite hacer cualquier comentario ajeno a la emisión ante el micrófono. Si tiene que comunicar algo al técnico de sonidos, cubra el micrófono con la mano.
- Procure hablar con un lenguaje educado, sin caer en la afectación. Hablar con las palabras más enrevesadas puede ser tan malo como hacerlo de forma confusa, porque la atención del oyente se desplazará del contenido a la forma... y terminará por apagar la radio o pasar a otra emisora.
- Ante el micrófono, los timbres metálicos de voz son más desagradables cuando pasan por el proceso de transmisión, en tanto que los graves son más agradables, más cálidos y su sonido por la radio es mejor. El timbre de voz se distorsiona al pasar del micrófono a la fuente productora de sonido. Por eso, aunque no pueda cambiar el sonido de su voz, podrá mejorarlo si sabe cómo situarse ante el micrófono. Como el micrófono exige hablar en voz queda, no eleve la voz en ningún momento.

11.2 El discurso televisivo

El discurso televisivo, a diferencia del radial, permite que el receptor vea al orador. Por eso, puede hacer uso de los elementos expresivos —como los gestos con las manos, el cuerpo, la cabeza, etc.— que le han estado vedados en el discurso radiofónico.

Aunque el orador no lo ve, salvo en los casos con público presente, sabe que lo están viendo. Intuitivamente, aunque no puede sentir su respiración, oír sus toses, sus aplausos o sus silbidos, sabe que el público hace todas estas cosas. La televisión puede ser un medio de comunicación peligroso si se desconocen sus reglas elementales.

Por ejemplo, si desconocemos que hay que hablar hacia la cámara que nos está enfocando cuando se enciende la luz verde, pueden pasar dos cosas: que comencemos a hablar cuando aún está la luz en rojo y lo que digamos quizá se oiga, pero no se nos vea, o que miremos a otra cámara distinta a la que nos está enfocando, con lo cual parecerá que nos estamos dirigiendo a otras personas detrás de las cámaras y no al telespectador al que va destinado nuestro mensaje.

La televisión concede gran importancia a los primeros planos.

Y, en un primer plano, el aspecto físico y el movimiento —sobre todo de las facciones del rostro o de las manos— desempeñan un papel preponderante.

Las sugerencias hechas anteriormente respecto al uso del micrófono en la radio son válidas también para la televisión. Pero, en este último caso, se agregan otros aspectos externos, como pueden ser la distracción que producen el calor de los focos, las cámaras en movimiento, los sonidistas con la «jirafa», etc. Por eso, es necesario adaptar la expresión oral al medio televisivo.

En la televisión se pueden aplicar los mismos criterios que en la emisión radiofónica, pero siempre y cuando tengamos en cuenta que el orador aporta, además de su voz, su presencia física. Por esta razón, puede permitirse hablar más despacio, prolongar las pausas antes de una reflexión o antes de enfatizar una frase. Por supuesto que las pausas, así como el hablar más pausado, difieren respecto al discurso dado en presencia de personas. La cámara puede admitir pausas más prolongadas, así como un hablar pausado, pero sin exceso. Si en la radio una pausa superior a los 5 segundos puede ser perjudicial para la atención del oyente, en la televisión puede ser normal una pausa no superior a los 15 segundos. Sin embargo, cuando se habla directamente a un auditorio presente, una pausa de 30 segundos no afectará en lo más mínimo la atención del auditorio.

Es bueno saber, además, que el cámara ajusta su objetivo en función de la distancia a la que se encuentra el orador. El encuadre total o parcial del cuerpo, así como la posición de la cámara, determinan su ángulo de enfoque. Para evitar la monotonía de una imagen fija, como los presentadores de los telediarios, varía el ángulo de toma y, por lo general, se emplean varias cámaras para al conferenciante o al público.

El cámara puede pasar de una imagen de perfil a un plano general, un plano medio o un primer plano, buscando, por ejemplo, las manos del orador, sus ojos o su rostro. Si el orador emplea material visual —por ejemplo, planos, gráficos, fotografías— los colocará de manera que la cámara pueda enfocarlos.

Por supuesto que el orador tiene que saber que el personal del estudio no es quien dispone lo que hay que enfocar ni cuándo hacerlo. Esta es tarea del director, que sentado en una cabina alejada del estudio, da a los técnicos las órdenes correspondientes. Antes de comenzar, le indicará al orador si es mejor que esté sentado sin nada delante, se debe estar detrás de una mesa o si debe estar de pie ante un atril. Le advertirá hasta dónde puede moverse, sin correr el peligro de quedar «fuera de foco».

Estos elementos y algunos otros, como el maquillaje del rostro —para evitar el brillo provocado por el sudor, matizar el color de la piel, disimular los defectos de las arrugas, rozaduras provocadas por un mal afeitado, etc.— también pueden determinar la efectividad del discurso televisivo.

El orador que se enfrente a una emisión televisada de su discurso tiene que adaptarse al movimiento indicado por el director. Si la emisión es con público asistente, el orador tendrá que dirigirse a ellos y no a la cámara. Si no hay público presente, deberá dirigir la mirada a la cámara, que es lo que en el argot televisivo se denomina «hablar a la cámara», pero teniendo especial cuidado en no fijar la vista en ella. Los gestos deben ser cuidados y sobrios. Mover los brazos ampulosamente, hacer gestos exagerados con la cara, pueden hacer que lo que dice resulte ridículo.

Para evitar tener la mirada clavada en las notas o en el texto manuscrito, puede recurrirse a un medio relativamente moderno, llamado teleprompter, que es un aparato que se coloca junto a la cámara o directamente encima de ella, donde el orador puede leer su texto en grandes caracteres y a una velocidad preestablecida desde el lugar que ocupa, para que parezca que está «hablando a la cámara» y no leyendo.

11.3 Importancia de los nuevos medios audiovisuales en la comunicación oral

Para el orador de hoy día, los nuevos medios audiovisuales de comunicación como la radio y, sobre todo, la televisión, desempeñan un papel estelar. Para volcar a un público hacia una opción u otra, no es necesario reunir a un millón de personas en una plaza. Basta sólo con la pantalla del televisor.

Veamos un ejemplo: En la República Argentina, durante el proceso electoral de 1981, todas las encuestas daban como ganador por amplio margen de votos a un partido. Pero, una imagen televisiva que salió al aire dos días antes de la votación, varió de forma ostensible lo que señalaban las encuestas. En la tribuna, un político mostró un ataúd con las siglas del partido opositor. Hacía muy poco tiempo que el país había salido de una feroz dictadura, por lo que esta bastó para provocar un cambio en los electores. Triunfó el partido que perdía en las encuestas.

Otro ejemplo clásico de la importancia de los nuevos medios audiovisuales es el de Orson Wells comunicando la invasión de la tierra por los marcianos, lo que provocó un gran número de suicidios en los EE.UU. Son dos medios fascinantes, pero, como hemos visto, también peligrosos.

Ya se ha hablado antes del carácter «universal» de la audiencia televisiva. Este medio de comunicación ha permitido acuñar un nuevo concepto: «la aldea global». Lo que pueda ocurrir, por ejemplo, en Filipinas, puede impactar al telespectador situado en los antípodas. Un orador que se dirige al público en

Nueva York es visto simultáneamente por millones de espectadores en Europa, Asia, África u Oceanía. Su palabra influye no sólo sobre su entorno, sino que también lo hace sobre otras zonas alejadas del planeta.

La televisión y la radio se han convertido en armas poderosas para luchar contra el consumo de estupefacientes, para estimular la conciencia ecológica a escala universal, dotar de conciencia al hombre de nuestro tiempo contra el azote de la guerra. Pero también ofrece peligros. Los de hacer cotidianos los hechos presentados, los de «mediatizar» los acontecimientos nacionales e internacionales.

Los oradores que participan con suma frecuencia en debates o entrevistas en estos medios de masas deben procurar que lo que digan sea algo nuevo o novedoso, algo que estimule al telespectador o radioyente a pasar a la acción o, por lo menos, a comprender su entorno y mejorarlo.

Ejercicios

1. Explique las características del medio radiofónico que resulten importantes para el orador.

2. Mencione algunas de las normas que el orador debe cumplir cuando habla por la radio.

3. Explique las características de la televisión que debe tener presente un orador.

4. Mencione algunas de las normas a las que tiene que atenerse el orador que participa en un programa de televisión.

5. Según su criterio, ¿qué importancia tienen los nuevos medios audiovisuales en la comunicación oral?

6. Simule que participa en un programa de radio. Lea un texto. Procure grabarlo para comprobar si lo ha hecho correctamente.